Der Garten und sein Mensch

Schriftsteller über ihre Leidenschaft

DER GARTEN UND SEIN MENSCH

Schriftsteller über ihre Leidenschaft

Herausgegeben von Astrid Wintersberger

Mit einem Nachwort
von Barbara Frischmuth

INHALT

Vorwort

Kein Hobby, der Garten

Gärtnern ist eine sinnliche Tätigkeit. Die *Times* ging sogar soweit zu schreiben: «Gardening is the new sex.» Und so will ich die Hoffnung nicht aufgeben, daß auch die deutschsprachige Gartenindustrie in naher Zukunft davon abkommt, jene Menschen, die der Aufzucht von Pflanzen nachgehen, ohne damit ihren Broterwerb zu bestreiten, mit dem reichlich charmelosen Wort «Hobbygärtner» zu bedenken. Denn erstens ist im Falle des Gärtnerns die Differenzierung zwischen haupt- und nebenberuflich ziemlich überflüssig, und zweitens ist die Bezeichnung der gärtnerischen Tätigkeit als «Hobby» wo nicht falsch, so zumindest irreführend.

Meyers Taschenlexikon definiert das Hobby so: «Als Ausgleich zur Berufs- und Tagesarbeit gewählte Beschäftigung, mit der jemand seine Freizeit ausfüllt und die er mit einem gewissen Eifer betreibt.»

Ich möchte behaupten, daß etwas nur dann ein Hobby sein kann, wenn der Umstand, daß man es nicht betreibt, zu keinem Schaden führt, weder für den Betreiber noch für das Betriebene.

Läßt etwa der Hobbymaler den Pinsel einmal – sagen wir – ein Jahr lang im Schreibtisch liegen, wird selbiger dort vermutlich nicht verschimmeln, und über eine Schaffenspause des Hobbytöpfers freuen sich vielleicht all jene, die weniger neue Objekte abzustauben haben. Der Garten aber nähme eine einjährige Betreuungsabstinenz bitter übel, er ist ja oft schon nach einem Kurzurlaub seines Besitzers beleidigt. Man kann ihn nicht einfach eine Zeitlang «unausgeübt» lassen, ohne daß er sich dafür rächt. Ich würde also behaupten, daß das – nicht hauptberufliche –

Hegen und Pflegen von etwas, das lebt oder aus Lebendigem zusammengesetzt ist, grundsätzlich nicht als Hobby zu bezeichnen ist, sonst wären für die meisten Väter und alle berufstätigen Mütter auch ihre Kinder ein Hobby, und wer möchte sich schon gern als «Hobbyerzieherin» tituliert sehen.

Es kommt doch, denke ich, nicht auf die tägliche Anzahl von Stunden an, die man mit etwas verbringt, sondern auf die psychische und physische Energie, die zu investieren man bereit ist. Und wenn schon unbedingt differenziert werden muß, dann sollte man dem Gärtner aus Leidenschaft wenigstens nicht ein so häßliches «Vor-Wort» anhängen wie «Hobby» (schauen Sie mal in den Spiegel, wenn Sie's sagen, die zwei «b» lassen sich kaum aussprechen, ohne dabei die Nase zu rümpfen); dann hält man sich schon lieber an Hermann Hesse, der vom «Lustgärtner» spricht; oder an Barbara Frischmuth, die uns jenseits aller überflüssigen Unterscheidungen «gärtnernde Menschen» nennt.

Verrichtungen im Garten dulden keinen Aufschub, und «mit einem gewissen Eifer» ist es meist nicht getan. Wenn man nach einem Regentag die nächtliche Schneckenjagd verschiebt, kann es schon passiert sein: ein Objekt monatelanger Fürsorge ist am nächsten Morgen verschwunden. Der Garten verlangt, daß man sich zu Zeiten, zu denen man lieber schliefe oder zumindest die Füße hoch lagerte, aufmacht, um etwaigen Übeltätern auf die Spur zu kommen. Als ich einmal eine neue Clematis gepflanzt hatte, fand ich sie Morgen für Morgen mehr angefressen und hatte zunächst die Schnecken im Verdacht. Soeben war ein neues Mittel auf den Markt gekommen, eine Art Seifenpaste, die die Schnecken fernhalten sollte und die ich, auf der ständigen Suche nach einer «humanen» Lösung des Problems, sofort erworben hatte. Aber alles Pinseln half nichts, also legte ich mich nachts auf die Lauer und ertappte die Asseln, die aus Mauerritzen kamen und sich gütlich taten. Ich wußte nun, daß es einen Übeltäter mehr gab, mit dem man sich arrangieren mußte, und stellte zumindest das relativ aufwendige Ausbringen der Seifenpaste ein.

Auch der Dickmaulrüßler ist ein Geselle, der nächtliche Ausflüge notwendig macht, um ihn abzusammeln, denn er hat die unangenehme Eigenschaft, ansonsten weitgehend «schädlingsverschonte» Immergrüne zu attackieren, was zur Folge hat, daß sich der Schaden, den er anrichtet, nicht spätestens nach einer Saison erledigt hat, sondern einen jahrelang ärgern kann.

Besonders jene Gärtnerin, die obendrein eine Tierfreundin ist, hat einiges zu tun; wenn man sich auch damit abgefunden hat, daß man in regenreichen Zeiten um das Schneckenkorn nicht herumkommt, so kann man doch die gar so hübschen, knallrot leuchtenden Lilienhähnchen (bei denen man das Gefühl hat, daß sie sich ständig paaren, um dem geplagten Freund von Fritillarien und Türkenbund eine weitere Generation von Fressern zu sichern, und die deutlich vernehmbar scharrend kreischen, wenn man sie bei der Arbeit – Nahrungsaufnahme oder Paarung – stört) nicht einfach zerdrücken, aber man muß sie schon sehr weit wegtragen, damit sie nicht wiederkommen. Gröbere Quälgeister werfe ich in die Biotonne, ohne je recherchiert zu haben, wohin (sie) das führt. Vermutlich will ich es gar nicht so genau wissen.

Lilienhähnchen: Sie paaren und paaren und paaren sich.

Gärtnern ist eine Beschäftigung, die keine Halbherzigkeiten erlaubt. Daher ist der Garten in den meisten Fällen auch nicht pflegeleicht. Als eine Ansammlung lebender Organismen hat er naturgemäß eine Eigendynamik, die die pflegende, ordnende Hand braucht, eher mehr als weniger. Der Gärtner geht mit seinem Garten eine Beziehung ein, und wie bei allen Beziehungen ist Pflegeleichtigkeit auch hier nicht denkbar ohne ein gewisses Maß an Langeweile und Unbeteiligtheit. Angeblich gibt es ja sogar pflegeleichte Kinder, aber ich hatte, wann immer ich welche sah (und das war selten genug), das Gefühl, daß ich nach einer kurzen Erholungsphase doch lieber wieder meine eigenen, «aufwendigen» mit nach Haus nehme. Eine pflegeleichte Beziehung ist zwar verhältnismäßig frei von Arbeitseinsatz, aber auch von überschwenglicher Freude. Man wünscht sich einen einsichtigen, doch keinen pflegeleichten Partner, und gerade der Garten ist in gewissem Sinne ein Partner, der Einsatz und Zuwendung belohnt.

Die Beziehung zwischen dem Garten und seinem Menschen hat freilich auch etwas von einem dialektischen Herr-Knecht-Verhältnis, oft weiß man nicht, wer der Herr ist und wer der Knecht. Aber der gärtnernde Mensch, mit seiner masochistischen Ader, genießt es, Knecht zu sein, er ist, wie Hesse formulierte, gerne «ein Sklave» seines Gartens.

«On est bête quand on sème», schreibt Guillaume Apollinaire, «ein Trottel, wer sät». Aber in «sème» (sät) hört man «s'aime» (sich liebt) mit, und also ist man, ebenso wie man nach reiflicher Erwägung aller Für und Wider doch kein Trottel ist, wenn man sich liebt, auch kein Trottel, wenn man sät; was wir aber festhalten können von diesem hübschen Satz, ist eine mehr als nur lautliche Affinität zwischen dem Heranziehen von Pflänzchen und der Liebe, mit all dem Keimen, dem Reifen und den Enttäuschungen, wenn's vergeht. Manche lassen sich nicht lange bitten, kaum gesät, wächst und gedeiht alles nach Wunsch – aber nach einem schönen, kurzen Sommer ist's auch schon wieder vorbei; man wußte es im vorhinein, jedoch die Sache war es wert; andere brauchen ihre Zeit und einiges Werben, bevor sie erste Lebenszeichen von sich geben, aber mitunter ist dies der «Beginn einer wunderbaren Freundschaft».

Mit der Liebe gemein hat das Gärtnern auch ein ganz und gar unhobbymäßiges Maß an Irrationalem. So haben jene Bücher, welche empfehlen, im Durchschnittsgarten keine Libanonzeder zu pflanzen, natürlich recht, und es käme ja auch keiner auf die Idee, sie eigens zu setzen; aber was fliegt da nicht alles an, was so niedlich aussieht, daß man's einfach nicht wegjäten kann, und dann steht man da wie der kleine Prinz auf seinem Planeten, hätte er den Affenbrotbaumsämling weiter wachsen lassen. Nicht der Baum ist zu groß, sondern der Planet ist zu klein, und so ergeht es uns auch mit unseren Gärten. Der grundlegende Irrtum vieler Ratgeber besteht in der Annahme, daß der gärtnernde Mensch ein vernünftiges Wesen sei. Sie übersehen den Faktor der Affekthandlung, der Leidenschaft, die sich nicht immer in geordnete Bahnen lenken läßt. Das rationale Handeln kostet in Gartendingen stets ein gewisses Maß an Schmerz und Überwindung. Schweren Herzens läßt man in der wunderbaren, reich bestückten Gärtnerei in Italien den Zitronenbaum stehen, und die prächtige Kamelie, nimmt bloß eine kleine Olive auf den Schoß, die dennoch groß genug ist, um auf der Rückreise die Sicht des autofahrenden Partners schwer zu behindern, und von der man jetzt schon weiß, daß das Überwintern zum Problem werden wird.

Der Mensch ist von Natur aus maßlos in seinen Begierden – und der gärtnernde erst recht. Ständig will er wieder etwas anderes probieren, und dann fehlt ihm die Zeit, oder es fehlt ihm der Platz. So wächst der Gärtner aus seinem Garten wie ein Kind aus seinen Schuhen. Die Lektüre von dem, was andere von ihren Gärten erzählen, hat insofern eine negative und eine positive Wirkung. Die negative ist: Sie erweckt neue Wünsche, bringt ihn auf neue Gedanken; und die positive: Sie hindert ihn vorerst daran, sie durchzuführen, denn zunächst muß er ja mal lesen und lesen und weiter lesen.

Astrid Wintersberger

Mrs. LOUDON'S
GARDENING
FOR
LADIES.

Die Schule der Frauen, in gartentechnischer Hinsicht: Frontispiz eines viktorianischen Bestsellers.

Frauen im Garten

«… hätte Eva im Paradies einen Spaten gehabt und etwas damit anfangen können, hätten wir nicht diese ganze traurige Geschichte mit dem Apfel.»

Elizabeth von Arnim

Krokusse gehören meist nicht zu den Einsamen, weder in der freien Natur noch in den Gärten, wo sie stets in Gruppen gepflanzt werden.

Elizabeth von Arnim

aus: Elizabeth und ihr Garten

10. Mai. – Ich wußte im letzten Jahr rein gar nichts über Gartenarbeit, und dieses Jahr weiß ich nur wenig mehr, doch habe ich eine leise Ahnung, was getan werden könnte, habe zumindest einen bedeutenden Schritt nach vorn getan: von Prunkwinden zu Teerosen.

Der Garten war die reinste Wildnis. Sie erstreckt sich rund ums Haus, hauptsächlich aber auf der Südseite, und dies offensichtlich schon seit Ewigkeiten. Die Südfront ist einstöckig, eine Flucht von Zimmern, die ineinander übergehen, die Wände sind von wildem Wein bewachsen. In der Mitte gibt es eine kleine Veranda, von der einige hinfällige Holzstufen hinabführen zu der einzigen Stelle auf dem ganzen Gut, aus der man sich je etwas gemacht zu haben scheint.

Es ist ein in den Rasen eingeschnittener Halbkreis, umgeben von Liguster, und in diesem Halbkreis sind elf Beete unterschiedlicher Größe, die wiederum von Buchs eingerahmt und um eine Sonnenuhr angeordnet sind, und die Sonnenuhr ist altehrwürdig und moosbewachsen und meine innige Liebe. Diese Beete waren das einzig sichtbare Zeichen eines Versuchs, den Garten zu kultivieren (außer einem einsamen Krokus, der aus eigenem Antrieb jedes Frühjahr sproß, nicht weil er es wollte, sondern weil er nicht anders konnte), und in all diese elf Beete hatte ich Prunkwinden gesät, nachdem ich einen deutschen Gartenratgeber gefunden hatte, demzufolge Prunkwinden in Riesenmengen das einzig Brauchbare seien, um die abscheulichste Einöde in ein Paradies zu verwandeln. Nichts anderes wurde in diesem

Buch mit derselben Wärme empfohlen, und da ich nicht den geringsten Schimmer hatte, wieviel Samen notwendig war, kaufte ich zehn Pfund und ließ sie nicht nur in den elf Beeten aussäen, sondern um fast jeden Baum herum, und wartete dann in großer Erregung auf das versprochene Paradies. Nichts geschah, und ich erhielt meine erste Lektion.

Glücklicherweise hatte ich auf zwei großen Flecken Land Gartenwicken gesät, die mich den ganzen Sommer über glücklich machten, ferner wuchsen unter den Südfenstern ein paar Sonnenblumen und einige Stockrosen, dazwischen Madonnenlilien. Aber nachdem ich die Lilien eingepflanzt hatte, verschwanden sie zu meiner großen Bestürzung; wie sollte ich mich auch in den Eigenheiten der Lilien auskennen? Und die Stockrosen entpuppten sich als ziemlich häßlich in der Farbe, so daß einzig und allein die Gartenwicken meinen ersten Sommer zierten und verschönten.

Gerade können wir wieder nach all der hektischen Geschäftigkeit, rechtzeitig für den Sommer die neuen Beete, Rabatten und Wege anzulegen, etwas aufatmen. Die elf Beete rings um die Sonnenuhr sind voller Rosen, aber ich sehe schon, daß ich bei einigen Fehler gemacht habe. Da ich keine Menschenseele habe, mit der ich darüber (oder über sonst etwas) Erfahrungen austauschen könnte, ist Fehlermachen hier meine einzige Art zu lernen. Alle elf Beete sollten einen Teppich von purpurfarbenen Stiefmütterchen bekommen, aber als ich entdeckte, daß nicht genügend vorhanden waren und niemand mir welche zu verkaufen hatte, haben nur sechs ihre Stiefmütterchen bekommen, in den übrigen ist Zwergreseda gesät. Zwei von den elf Beeten haben Marie-van-Houtte-Rosen, zwei Vicomtesse Folkestone, zwei Laurette Messimy, eines hat Souvenir de la Malmaison, eines Adam und Devoniensies, zwei haben Persisch-Gelb und Bicolor, und ein großes Beet hinter der Sonnenuhr hat drei Sorten roter Rosen (zweiundsiebzig in allem): Herzog von Teck, Cheshunt Scharlach und die Prefet de Limburg. Dieses Beet ist bestimmt ein Fehler, einige andere vermutlich ebenfalls, aber ich muß natürlich abwarten, da ich nun mal so wenig Bescheid weiß. Außerdem habe ich auf jeder Seite des Halbkreises zwei längliche Beete ausheben lassen und Gartenreseda gesät; in eines habe ich Marie-van-Houtte gesetzt, ins andere Jules Finger-und-die-Braut; und in einem warmen Winkel unter den Salonfenstern befindet sich ein Beet mit Madame Lambard, Madame de Watteville und Comtesse Riza du Parc; weiter hinten im Garten ist, geschützt von einer Gruppe Buchen und Fliedersträucher im Norden und Westen, noch ein großes Beet mit Rubens, Madame Joseph Schwartz und die Ehrenwerte Edith Gifford. Das sind Zwergrosen; ich habe nur zwei Rosenbäumchen im ganzen Garten, zwei Madame George Bruants, und sie ähneln Besenstielen. Wie ich mich nach dem Tag sehne, an dem die Teerosen erblühen! Noch nie habe ich mich so unmäßig auf etwas gefreut; und jeden Tag mache ich die Runde und bewundere, was die lieben Kleinen in den vierundzwanzig Stunden an neuen Blättern oder lieblich roten Sprossen hervorgebracht haben.

Die Stockrosen und Lilien (die jetzt blühen) sind noch unter den Südfenstern in einer schmalen Rabatte auf einem Grashügel, an dessen Fuß ich zwei lange Ra-

Pierre-Joseph Redouté, genannt der Blumen-Raffael, starb an einem Schlaganfall, als er gerade dabei war, die Blütenkrone einer Lilie zu untersuchen. Gibt es einen schöneren Tod?

batten Gartenwicken gesät habe, den Rosenbeeten gegenüber, damit meine Rosen bis in den Herbst hinein etwas anzuschauen haben, das beinah so liebreizend ist wie sie selbst, wonach dann alles Platz machen muß für weitere Teerosen. Der Weg, der von diesem Halbkreis weiter in den Garten führt, ist gesäumt von Chinesischen Rosen, weißen und rosafarbenen, hier und da von einem Persisch-Gelb. Ich wünschte mir, ich hätte Teerosen dort gepflanzt, und mir schwant Schlimmes bei der Wirkung des Persisch-Gelbs zwischen den chinesischen Rosen, denn letztere sind solche Winzlinge, und das Persisch-Gelb sieht so aus, als wolle es zu mächtigen Büschen werden.

Kein Geschöpf in dieser ganzen Gegend hier kann auch nur annähernd verstehen, mit welchem Herzklopfen ich mich auf das Aufblühen dieser Rosen freue! Gibt es doch nicht ein deutsches Gartenbuch, das nicht alle Teerosen ins Treibhaus verbannt, sie lebenslang einsperrt und so für alle Zeit dem Odem Gottes entzieht. Zweifellos war es reine Unwissenheit, daß ich dort, wo teutonische Engel keinen Fuß aufzusetzen wagen, fröhlich hineingestürzt bin und meine Teerosen dem nördlichen Winter ausgesetzt habe; doch sie haben ihm unter Kiefernzweigen und Laub ins Gesicht geblickt, und nicht eine hat darunter gelitten – und heute sehen sie so glücklich aus und dazu entschlossen, sich des Lebens zu erfreuen, wie, dessen bin ich mir sicher, jede andere europäische Rose.

Die Rose «Souvenir de la Malmaison».

Meine Art zu gärtnern

Beim Anlegen und Pflegen von Gärten können wir niemals einen Zeitpunkt erreichen, an dem wir alle Möglichkeiten ausgeschöpft haben. Jedes Grundstück hat seine eigenen Vorzüge und Besonderheiten, und jede Pflanze reagiert etwas anders, je nachdem, welche Bedingungen sie vorfindet und wo sie hingesetzt wird. Die charakteristischen Merkmale, die ein Grundstück aufweist, deuten oft eine bestimmte Richtung an. Eine offene Lage mit heißem Klima verlangt nach dem Schatten alter Bäume, nach Wegen unter Pergolen und Lauben im italienischen Stil. Ausgewachsene Bäume und natürliche Wasser dürfen nur behutsam geformt, nicht aber in einen strengen Stil gepreßt werden. Der ganze Erfolg einer Bepflanzung hängt von den örtlichen und jahreszeitlichen Wetterbedingungen, vom vorherrschenden Wind, von Frostnischen und Regenschatten ab. Dies kann die besten Entwürfe zunichte machen.

Entscheidend ist, daß sich die Gärten während ihrer Wachstumsphase verändern. Die Zeitspanne, in der die Pflanzen wachsen und reifen, variiert, und die Anordnung und Beziehung der Pflanzen zueinander muß immer wieder korrigiert werden. Pflanzen wachsen über ihren Standort hinaus oder haben eine begrenzte Lebenszeit und müssen ersetzt werden. Die meisten von uns planen nur für ein paar Jahre im voraus, und nur wenige Gartenarchitekten und Amateurgärtner können darauf bauen, bei ihren Entwürfen alle Möglichkeiten ausgeschöpft zu haben. Je bescheidener die Maßverhältnisse sind, desto häufiger werden Veränderungen vorgenommen; tatsächlich wird ein exakt ausgearbeiteter Plan fast immer während der Bepflanzungszeit noch verändert. Ein Gartenplan ist etwas anderes als der Grundriß, den ein Architekt entwirft; er kann und muß revidiert werden, sobald der Garten bepflanzt wird und wirklich zu wachsen beginnt. Es ist nicht nur die Planung, Bepflanzung und Antizipation, die das Gärtnern so interessant macht, sondern auch das Vergnügen mitzuerleben, Anpassungen vorzunehmen, wenn das Erwartete oder Unerwartete eintritt.

Der große amerikanische Gartenarchitekt Thomas Church, der vorwiegend in Kalifornien gearbeitet hat, wies einmal auf den Unterschied zwischen den Grundprinzipien der Gartenplanung hin, die auf jedes Grundstück angewendet werden können, und der Entwicklung eines individuellen Stils, der eine Sache des Geschmacks bleibt. Die ersteren können erlernt und in die Praxis umgesetzt werden. Aber der Stil, der sich entwickelt, die Kombination des Layouts und der Bepflanzungsdetails – das bleibt immer persönlich. Ob dieser Stil erfolgreich ist, hängt davon ab, ob er dem Grundstück angemessen ist, übrigens auch von einem erklecklichen Maß an praktischen Kenntnissen, und zwar sowohl, was die Pflanzenauswahl als auch, was die Kenntnis ihrer Wachstumsbedingungen anbelangt. Jeder Besuch in einem Garten, ob klein oder groß, verbessert das gärtnerische Können.

Im einzelnen definiert Thomas Church vier wesentliche Prinzipien der Gartenplanung; 1. das Prinzip der Einheit: Haus und Garten müssen organisch aufeinander abgestimmt sein, gewissermaßen zusammenfließen, und zwar durch die Abfolge harter oder weicher Charakteristika; 2. das Prinzip der Funktion: Haus, Garten und Nutzflächen sollten entsprechend ihrer jeweiligen Bedeutung klar aufeinander abgestimmt sein; 3. das Prinzip der Einfachheit: allzuviel gegensätzliche Ideen sollten danach vermieden werden; 4. das Prinzip des Maßstabs: zwischen Haus und Bäumen, harten Oberflächen und Pflanzen muß ein ausgewogenes Verhältnis bestehen. Der beste Weg, ein Gefühl für Proportionen zu entwickeln, besteht darin, gute Entwürfe zu studieren, ob es sich dabei um Häuser, Gärten, Zeichnungen oder Gemälde handelt, bleibt unerheblich.

Solche Voraussetzungen können auch noch durch die Bedeutung von Licht und Schatten mitbestimmt werden. Auch Farben und Texturen der Pflanzen dienen bei der Gartenplanung als Kontrollen, da sie beinahe ebenso stark wie die Perspektive Räume und Entfernungen beeinflussen. Die Blütenfarben sind flüchtig, aber die Grün-, Grau-, Bronze- und Purpurtöne des Laubs geben Gewicht oder Leichtigkeit, indem sie nämlich den Blick einfangen oder ihm erlauben, in die Ferne zu schweifen.

Nach vielen Jahren gärtnerischer und planerischer Tätigkeit habe ich jetzt das Gefühl, einen Stil entwickelt zu haben, der all meine gärtnerischen Bemühungen prägt. Es liegt nahe, ihn «Tintinhull-Stil» zu nennen, weil ich ihn großenteils in Tintinhull, diesem herrlichen Garten in Somerset, entwickelte, wo ich in den letzten vierzehn Jahren gelebt habe.

Der Garten in Tintinhull, der jetzt dem National Trust gehört, wurde von Phyllis Reiss, einer der bedeutendsten Gartenarchitektinnen des zwanzigsten Jahrhunderts, angelegt (im wesentlichen in den 30er und 40er Jahren). In Tintinhull bestand meine Arbeit mehr im Ausgestalten als im Planen, wobei ich Mrs. Reiss' geniales Grundgerüst – Bäume, Mauern, Hecken und die Raumaufteilung – als Grundlage für meine Bepflanzung genommen habe.

Bei der Arbeit in Phyllis Reiss' Garten habe ich ihr Gefühl für Proportionen und Strukturen aufgenommen und gelernt, wie wichtig der Grundsatz «Wiederholung» bei der Bepflanzung ist, um eine durch die Verwendung zu vieler Varietäten hervorgerufene Ruhelosigkeit zu vermeiden. Ich hatte die Möglichkeit, mit ihren Farbschemata weiter zu experimentieren und einige meiner eigenen Farbkompositionen zu entwickeln. In erster Linie aber war Tintinhull der Ort, an dem ich die Idee der «verschiedenen Gärten innerhalb eines Gartens» wirklich zu schätzen gelernt habe. Tintinhull ist nämlich, ganz im Stil von Hidcote und Sissinghurst, wenn auch in bescheidenerem Maßstab, in eine Vielzahl untereinander verbundener «Räume» gegliedert. Die im wesentlichen streng gestaltete Anlage besteht aus einem gitterartigen Muster aus Rasenflächen, Wegen und Hecken, die allesamt rechtwinklig aufeinandertreffen. Eine Hauptachse, ein mit Steinplatten belegter Weg, verläuft entlang der Südseite des Gartens von Osten nach Westen. Alle seitlichen Abteilungen sind von Hecken aus Englischer Eibe oder von Mauern umgeben, während die Rabattenflächen durch eine Reihe tiefer «Ventile» miteinander verbunden sind, d.h. durch Wege, welche durch streng gestaltete Durchbrüche in den Blumenbeeten führen. Rabatten und Beete verlaufen parallel zu den Mauern und Hecken, die die Grenzen markieren und die vertikalen Schranken zwischen den verschiedenen Abteilungen bilden und als Hintergrund für die blühenden Pflanzen dienen. Hohe Bäume – immergrüne Eichen, eine Libanonzeder und eine Eibenallee – bilden das Gegengewicht zum Haus und schaffen einen Wechsel von Schatten und Sonnenlicht.

Einst stach man Gänseblümchen erbarmungslos aus dem Rasen, inzwischen werden sie aber von Gärtnern mit Herz und Verstand als Zier anerkannt.

Durch die Kombination aus einem streng geometrischen «Skelett», das dem Garten eine Ordnung und Struktur verleiht, und der freien, natürlichen Bepflanzung entsteht in gewisser Weise der Eindruck der Zwanglosigkeit. Manchmal ist die Grundstruktur des Gartens durch die im Cottagestil gehaltene Bepflanzung so stark verdeckt, daß sie auf den ersten Blick nicht mehr sichtbar ist. Manche Leute halten Tintinhull wegen seiner geometrischen Anlage für einen streng angelegten Garten, während andere ihn wegen seiner üppigen, fast dschungelartigen Bepflanzung als frei gestaltet ansehen.

Seit ich die strenge Geometrie jedes Gartenraums in Tintinhull schätzen gelernt habe, auch die Art und Weise, wie jeder Raum mit dem nächsten verbunden ist, damit sich das Ganze zu einer geschlossenen Anlage zusammenfügt, beherrscht das Konzept «Gärten innerhalb eines Gartens» mein ganzes Denken – unabhängig davon, wie groß die Anlage ist, die ich plane. Das gilt für jeden Entwurf, sei er streng oder frei gestaltet – die Idee getrennter Gartenräume muß nicht in geometrischen Formen ausgeführt werden. Obgleich ich im Herzen der Tradition verhaftet geblieben bin, habe ich erkannt, daß ich selbst in noch so natürlich gestalteten Gärten Räume schaffen kann, die verschiedene Stimmungen widerspiegeln, indem ich nämlich das ganze Ambiente nutze. Ich habe Tintinhull auch als Modell für andere Gärten genommen. Der Garten, den ich in Michigan angelegt habe, ist ganz im Geiste Tintinhulls gehalten, obgleich keines seiner charakteristischen Merkmale Tintinhull direkt kopiert. Im Garten in Michigan ist die Bepflanzung so konzipiert, daß der Blick nicht auf die Nachbarhäuser abgelenkt wird, sondern auf eine Allee von «Bradford»-Birnen und auf Holzapfelalleen gerichtet bleibt. Diese rahmen die Mitte des Gartens ein. Das an einem Hang liegende, viel kleinere typische Stadtgrundstück eines Hauses in Campden Hill Square in London unterteilten wir in drei horizontale «Räume» – einen ebenen Eingangshof, eine Terrasse und eine offene, kreisförmige Rasenfläche – mit unterschiedlichen, aber dennoch aufeinander abgestimmten Konzepten der Bepflanzung. In einem Kräutergarten, den ich für den Botanischen Garten in New York geplant und verwirklicht habe, ist ein strenges Knotenmuster in der Mitte von Rabatten umgeben. Sie sind ganz in der Tradition von Tintinhull mit einer gemischten Bepflanzung ausgestattet, bei der Symmetrie und Gleichgewicht ebenso wichtig bleiben wie der Grundsatz der Pflanzenvarietät. In meinem neuen Garten in Bettiscombe in Dorset ist das Grundgerüst jetzt nahezu fertig. Es kommt an den Stil in Tintinhull heran, ist aber kleiner, einfacher und weniger arbeitsintensiv.

In Tintinhull zu gärtnern ist viel einfacher als in einer wilderen Umgebung, etwa im Waldland, an Flüssen oder in einem naturnahen Cottagegarten. In einem natürlich belassenen Garten ist die Struktur ebenso wichtig wie in einem streng geometrisch gestalteten; nur ist sie subtiler und weniger aufdringlich, der Malerei ähnlicher als der Architektur. Die mehr impressionistische Komposition hängt nicht von der Geometrie, sondern vielmehr von frei wachsenden Pflanzengruppen ab, die eine sichtbare Struktur schaffen, als Hintergrund dienen und für Höhe und Gleichgewicht sorgen. Eine gestaffelte Bepflanzung zu entwerfen, damit ein zusammenhängendes Bild entsteht, verlangt sowohl künstlerisches Talent als auch fachmännische Kenntnisse, was die Pflanzen, ihren Habitus und ihre individuellen Bedürfnisse anbetrifft.

Die größte Herausforderung für meine Arbeit war ein Garten in Fort Worth in Texas. Dort machten steile Hänge und fest umrissene Rasenflächen geometrische Linien unmöglich. So mußte ich ein gegliedertes natürliches Bild schaffen, wofür ich viele Pflanzen benötigte, die mir zunächst gänzlich unvertraut waren. In Fort Worth ist der Boden extrem alkalisch, und da die Temperaturen in vierundzwanzig Stunden zwischen extremer Kälte und Hitze schwanken können, haben die Pflanzen schwierige Zeiten durchzustehen. Passende Pflanzen für dieses anstrengende Klima zu finden, war von größter Bedeutung.

Tintinhull war für mich eine große Inspiration. Ich hatte auch das Glück, viele andere Gartenarchitekten kennenzulernen, in England, auf dem Kontinent und in den Vereinigten Staaten. Die fruchtbarste Zeit meiner Ausbildung waren wahrscheinlich die 70er Jahre, während derer ich (bevor ich 1979 nach Tintinhull kam) viele große italienische Renaissancegärten besucht habe. Ich glaube, jeder Gärtner sollte diese Erfahrung machen. Wenn das nicht möglich ist, sollte er zumindest die Bilder dieser Gärten studieren und sich mit der Philosophie beschäftigen, die dahinter steht. In Italien begann ich die Verwendung des dreidimensionalen und auch des zweidimensionalen Raums zu verstehen. Und ich begriff, wie er dazu eingesetzt wurde, mit der Massivität des Hauses in Beziehung gesetzt zu werden und dergestalt ein Gegengewicht zu ihm darzustellen. Diese alten Gärten sind im Grunde als eine Reihe getrennter, aber fest verbundener Räume angelegt, deren Hauptwege und wesentliche Elemente mit den Eingängen und Fenstern der Villa sowie mit den anderen architektonischen Merkmalen auf eine Linie gebracht wurden. Auf den Hügeln gleichen Terrassen die Höhenunterschiede aus und schaffen die Ausblicke in die Landschaft. Große Bäume – immergrüne Eichen, Kiefern und Zedern, von denen übrigens viele zwei- oder dreihundert Jahre alt sind – bewachen und schützen die Villen, zeichnen ihre Silhouetten gegen den Himmel ab und schaffen Schattenbereiche, die mit dem strahlenden Sonnenlicht korrespondieren.

In Amerika wurden viele der bedeutendsten Gärten in der Absicht entworfen, eine neue Gebäudearchitektur in Szene zu setzen und neue Harmonien zu stiften. Viele sind von einer unvergleichlichen Schönheit – so ganz anders als die der traditionellen, symmetrisch angelegten Renaissancegärten. Der nördlich von Seattle gelegene Garten Bagley Wright, den ich vor ein paar Jahren besucht habe, ist mir heute immer noch im Gedächtnis: Ein niedriges, von Arthur Erikson entworfenes Haus aus Glas und Beton, das in einer Waldlichtung gelegen ist und einen herrlichen Ausblick nach Westen über den Puget Sound erlaubt. Das Haus wird von einem seine Geometrie reflektierenden Teich zur Wirkung gebracht, dessen Wasser sich unmerklich über den Rand ergießen, als flössen sie in den Abgrund. Auf der Ostseite dehnt sich hinter dem Haus eine Rasenfläche wie ein großer See aus Licht aus. Er bildet einen völligen Kontrast zu dem dunklen Wald dahinter. Weiße Gänseblümchen wachsen im Gras ... Der wohl gelungenste streng gestaltete Garten des zwanzigsten Jahrhunderts ist interessanterweise ebenfalls in den Vereinigten Staaten zu finden, und zwar in Filoli in Kalifornien. Filoli ist gleichfalls ein Garten, der in verschiedene Räume unterteilt wurde, und er gibt ein treffendes Beispiel für Symmetrie und sorgfältige Pflege ab. Wie die klassischen italienischen Gärten, zu denen diese Anlage einen deutlichen Bezug hat, ist Filoli ein vorzüglicher Verweilort, sich im Sehen zu üben.

Angeregt auch durch Bücher über Gartenarchitektur, bin ich im Laufe der Jahre immer sicherer geworden, nicht nur, was meine stilistischen Präferenzen, sondern auch, was meine Vorstellungen und meine Philosophie anbetrifft. Ich liebe umfriedete Räume, eingerahmte Durchblicke statt weiter Panoramen, sowie Bäume, die dem Horizont Gestalt verleihen und zum Haus ein Gegengewicht bilden, auch horizontale Linien (besonders Hecken, Ränder von Rasenflächen und Teichen sowie Wege), die in rechten Winkeln aufeinandertreffen und die große Symmetrie widerspiegeln. Ich liebe eine zarte Bepflanzung und Pflanzenformen mit weichen Konturen, ich mag wogende Kurven, die die harten Linien der Wege oder Hecken abmildern; ich mag aber keine ziellosen Schlängelkurven, wie sie häufig in rechteckigen Stadtgrundstücken vorkommen, um die strengen Begrenzungslinien des Gartens zu verdecken. Die Kurven, die in einer natürlichen Landschaft auszumachen sind, nehmen deren Formen wieder auf, verbinden sich mit den Baldachinen der Baumkronen oder folgen dem natürlichen Lauf eines Flusses.

Manchmal gibt mir meine Gartenphilosophie mehr Klarheit darüber, was ich nicht mag, als über das, was ich mag. Viel unangenehmer als jede grelle Farbkombination ist für mich der Anblick von nebeneinanderstehenden Pflanzen, die ganz unterschiedliche Bedürfnisse befriedigen sollen. Eine passende Bepflanzung ist für das Gelingen eines Gartens entscheidend. Es ist wichtig, Pflanzen auszuwählen, die nicht nur an dem jeweiligen Platz gut gedeihen, sondern die sich auch mit einheimischen Nachbarpflanzen harmonisch verbinden. Und weiter heißt das, daß ich im großen und ganzen lieber Arten als gezüchtete Sorten ziehe. Ich bin nämlich der Meinung, daß neue Hybriden oder Züchtungen, insbesondere, wenn sie wegen der längeren und dickeren Blütenähren, auch wegen besonderer Farbeffekte, kürzerer Stengel (kein Abstützen!) oder längerer Blütezeiten gezüchtet werden, leicht etwas von ihren Eigenschaften einbüßen. Der besondere Reiz einer Pflanze beruht häufig auf ihrer eigenen natürlichen Farbe und auf den Proportionen zwischen Blüten, Blättern und Stengeln. Nichtsdestoweniger schätze ich (vor allem, weil ich Gärten in verschiedenen Klimazonen entwerfe) solche Pflanzen, die mit dem Ziel gezüchtet wurden, schwierigen Bedingungen standzuhalten. Und natürlich gibt es unter den Hybriden und Züchtungen viele alte Lieblinge, die man immer wieder verwenden mag, da sie gegenüber der ursprünglichen Art eine gewaltige Verbesserung darstellen.

Als Beth Chatto im Jahre 1977 auf der Gartenschau von Chelsea die Goldmedaille gewann, war das eine Lektion für alle Gärtner. Silberne und graue mediterrane Pflanzen wuchsen nebeneinander auf einer Böschung mit gut durchlässigem Boden, während Pflanzen, die die Feuchtigkeit lieben, rings um den Rand eines

Teiches versammelt waren. Doch auch heute noch sieht man Gärten, in denen Pflanzen, die saure Böden lieben, neben solchen stehen, die nur Kalkböden tolerieren. Auch begegnet man immer wieder sonnenliebenden Pflanzen gleich neben Schattenpflanzen, oder Pflanzen, die Trockenheit lieben, stehen neben Sumpfpflanzen. Es scheint fast, als ob solches mit Absicht geschehen wäre, um den Uneingeweihten zu verwirren oder glauben zu lassen, daß Gärtnern so aussehen müsse.

Jede einzelne Pflanze sollte als ein individuelles, ausgereiftes Exemplar des botanischen Kosmos angesehen werden. Man muß sie aber auch in ihrer untergeordneten Stellung und scheinbaren Bedeutungslosigkeit als «Mitwirkende» begreifen, die zum gesamten Gartenbild beiträgt. Ich halte Listen von Pflanzen mit besonderen Eigenschaften für nützlich, um auf sie zurückgreifen zu können, wenn ich besondere Effekte erzielen will. Laubabwerfende Sträucher wie Berberitzen, Scheinhasel, Deutzien, Hartriegel, Hasel und Schneebälle passen gut in eine gemischte Rabatte, da sie nicht nur niedrige Zwiebelpflanzen mit ihren Laubdächern schützen und für große Staudengruppen im Sommergarten genügend Raum lassen, sondern auch reizvolle Winter-Ensembles schaffen. Immergrüne Sträucher wie Buchs, winterblühende Mahonien, Orangenblüte und Duftblüte gehören zu den Sträuchern, die das ganze Jahr über ein Rabattenschema zusammenhalten. In einer natürlichen Landschaft bringen kleine Bäume oder große Sträucher wie Magnolie, Hartriegel und, wenn der Boden genügend sauer ist, Scheinkamelie, Storaxbaum und Tupelobaum (*Nyssa sylvatica*) durch kräftige Formen Abwechslung. Hartriegel mit Schichten flächenbildender Zweige (entweder *Cornus controversa* «Variegata» oder *C. alternifolia* «Argentea») und Schneebälle wie *Viburnum plicatum* «Mariesii» mit seinem dichten ausladenden Wuchs können Akzente setzen oder als Blickfang dienen. Stauden mit plastischen Blättern sorgen auf einer niedrigeren Ebene für Proportion und Charakter. Ihr Reiz hängt nicht nur von ihren Blüten ab: Meerkohl, Wolfsmilch, Wiesenraute, Federmohn, Edeldisteln, Japananemone und Funkien gehören zu den gängigsten Laubpflanzen, die den Rabatten über einen langen Zeitraum Reiz verleihen. Bei anderen Pflanzen dagegen beruht die Wirkung mehr auf ihren speerförmigen Blättern, wie bei den Irisarten, dem Neuseeländer Flachs, den Binsenlilien und Palmlilien, die wiederum niedrige Bergenien oder Hügel silberner Artemisien zu großer Wirkung bringen.

Die ganze Bepflanzung in Tintinhull ist gemischt: Bäume, Sträucher, Stauden, Zweijährige, Einjährige und Zwiebelpflanzen bedecken den Boden in jedem Gartenteil, und die Einheit der Komposition wird nicht so sehr durch eine dichte strenge Bepflanzung erreicht, vielmehr durch deutliche Farbschemen und Themen. Diese Schemen eignen sich sowohl für einen naturnah gehaltenen Garten als auch für die rechtwinkligen Beete und Rabatten in Tintinhull. Abgesehen von den hin und wieder «eingerahmten» Beeten für jahreszeitliche Zwiebelpflanzen und Einjährige mische ich fast immer Pflanzen mit holzigen und mit weichen Stielen.

Herbstanemonen sind – wenn sie sich wohl fühlen – außerordentlich wüchsige Pflanzen. Wer sie einmal im Garten hat, kann seine Nachbarn bald großzügig mit Ablegern versorgen.

Die ganze Bepflanzung in Tintinhull ist so dicht, daß keine bloße Erde zu sehen ist. Einjährige und Zwiebelpflanzen sind zwischen die dauerhafteren Pflanzen gesetzt. Jede nackte Stelle wird kräftig gemulcht. Die Pflanzen, in der Regel in ziemlich großen Gruppen gepflanzt (mindestens fünf Exemplare), bedecken den Boden und verbinden sich in einer so natürlichen Weise, wie ich sie gerade noch kontrollieren kann. Die dichte Bepflanzung mutet fast wie ein Dschungel an, erleichtert darüber hinaus aber auch die Gartenpflege, denn sie verhindert das Aufgehen der Unkräuter. In einem mehr naturbelassenen Garten ist der Bepflanzungsstil nur eine Erweiterung dieser Methode: größere längliche Gruppen breiten ihre abstrakten Muster in weniger sichtbar strukturierten Umgebungen aus.

Neben einer gut durchdachten Planung und Bepflanzung gibt es noch ein drittes Element, das entscheidend zum Erfolg eines Gartens beiträgt: die grundsätzliche Gesundheit des Gartens. Die Pflege des Bodens und der Pflanzen ist ein fortdauernder Prozeß, aber der Grundstein für gesunde Vitalität wird schon in den ersten Anfängen gelegt. Eine Bepflanzung in einem unvorbereiteten oder mit mehrjährigen Unkräutern durchsetzten Boden ist verschwendete Zeit und unproduktiv. Im schlimmsten Fall sind zwei Jahre notwendig, um eine adäquate Drainage zu schaffen, den Boden umzugraben, zu säubern und zu mulchen und damit den Pflanzen einen optimalen Start zu geben. Es ist nicht immer einfach, Gartenfreunde, die erst am Anfang stehen, davon zu überzeugen, daß viel Vorbereitung nun mal unerläßlich ist. Ich wende diese Erkenntnis gerade auf meinen eigenen Garten in Bettiscombe an, der im wesentlichen aus einem fast nicht mehr zu bearbeitenden Lehm besteht. Planungsfehler können später noch korrigiert werden, aber wenn zu schnell gepflanzt wird, dürfte es nachher schwer sein, den Boden umzugraben sowie Kompost und Sand einzuarbeiten, um ihn leichter zu machen. Und es kann passieren, daß man das Unkraut nicht mehr los wird! Viele Gärten haben einen erschöpften Boden, aus dem die Pflanzen keine Nährstoffe mehr aufnehmen können, da er leider nicht regelmäßig mit dem notwendigen humusbildenden organischen Material gemulcht wurde. Als ich nach Tintinhull kam, war der Boden, obgleich man ihn durchaus bearbeiten konnte, einige Jahre nur mit künstlichem Dünger versorgt worden. So war es notwendig, gut verrotteten Kompost regelmäßig unterzuarbeiten, damit er wieder gesund werden konnte. Glücklicherweise war es möglich, Kompost in großen Mengen unterzugraben, da wir jeden Gartenteil neu bepflanzt haben.

Nach vielen Jahren der Gartenplanung und -arbeit habe ich, wenn ich in einen Garten komme, jetzt das Gefühl, daß ich aus der Sicht der Gartenplanerin schnell seine Vorzüge und Fehler analysieren kann. Was die praktische Seite anbetrifft, so kann ich im allgemeinen schnell den Gesundheitszustand des Gartens beurteilen. Eine solche Bewertung wird mit zunehmender Urteilskraft leichter; aber es wird immer schwierig bleiben, den eigenen Garten objektiv zu beurteilen. Selbst die schönsten Gärten zeichnen sich durch Elemente aus, von denen einige gut, andere hingegen weniger gelungen sind.

Sei nun die beabsichtigte Wirkung streng oder naturalistisch, ein Garten soll niemals der Natur ähneln! Jede Gartengestaltung ist künstlich. So wie ein Maler oder Bildhauer Formen und Farben arrangiert, stellt ein Gärtner Pflanzen zusammen. Gartenkunst besteht darin, eine Komposition zu schaffen, die wirklich zufriedenstellt.

«Reizvolle Winterensembles»: So schafft man Abhilfe gegen die drohende Depression in der kalten Jahreszeit.

Das Silberblatt, *Lunaria rediviva*. Es verspricht ebenso wie *Lunaria annua* schmückende Samenstände im Spätsommer, die im Garten meist eleganter aussehen als in der Vase.

Vita Sackville-West

Lückenbüßer im Schatten

Die Kataloge laufen ein, und die angebotenen Reichtümer sind so überwältigend, daß wir vor lauter Versuchungen nicht mehr ein und aus wissen. Sollen wir Samen von Mehrjährigen bestellen, von denen wir erst in zwölf Monaten etwas haben? Oder Einjährige, die ihre vergängliche Schönheit schon in diesem Sommer verströmen? Einjährige für Schattenplätze, Einjährige für sonnige Beete, Einjährige für den Steingarten?

Irgendwie verbinden wir sie in unserer Vorstellung mit einem besonnten Beet, denn da sie meist leuchtend gefärbt und ihrer Natur nach kurzlebig wie Schmetterlinge sind, verlangen sie alles Licht und alle Fröhlichkeit für ihre begrenzte Lebensdauer. Und doch muß vielleicht gelegentlich eine leere Stelle vorübergehend ausgefüllt werden, und diese leere Stelle kann sehr wohl im Schatten liegen, zum Beispiel dort, wo Primeln am Absterben sind, weil irgendein Element im Boden fehlt. Jeder Gärtner weiß, daß diese Pflanzenfamilien zu ihrem Gedeihen einen ständigen Bodenwechsel brauchen, obwohl nicht jeder die entsprechenden chemischen Formeln kennt. Die einfachste Erklärung ist die, daß auch der Landwirt das Getreide nicht Jahr für Jahr auf demselben Acker pflanzt.

Nehmen wir also an, wir hätten für diesen Sommer einen beschatteten Streifen zu bepflanzen. Sogleich wird uns der Tabak einfallen, *Nicotiana affinis*, und dazu die nachtduftende Levkoje, *Matthiola bicornis*, beide nicht besonders auffallend, doch im Dunkeln leuchtend. Immerhin besteht kein Grund, dem schattigen Beet keine

Farbe zu gönnen. Die rauhhaarige Ochsenzunge, *Anchusa capensis*, wird ihr Blau erstrahlen lassen und *Cynoglossum amabile*, zuweilen *Omphalodes linifolia* (Gedenkemein) genannt, das dem Enzianblau vielleicht am nächsten kommt. *Impatiens balsamina*, die Balsamine, erscheint in einer großen Auswahl von Farben: Rosa, Rot, Gelb, Weiß, manchmal auch gesprenkelt, und trägt den sehr zutreffenden Namen Rühr-mich-nicht-an, denn ihre Samen verstreuen sich bei der geringsten Bewegung und erscheinen als Sämlinge wieder, ob man sie will oder nicht. Die Gauklerblume, *Mimulus*, schenkt uns orange, gelbe und flammende Flecken. Ist das Schattenbeet außerdem feucht, dann um so besser.

Das Drüsige Springkraut, ein Vetter der Balsamine, kann schnell zur Plage werden, weil es seine Samen überall hinschleudert. Wenn man allerdings sieht, wie die Hummeln diese Blüten lieben, läßt man gern einige der «bösen Männer» stehen.

Wenn wir den beschatteten Platz für mehr als einen Sommer bepflanzen wollen, so kommen uns die Zweijährigen zu Hilfe. *Digitalis*, Fingerhüte, gibt es in vielerlei Farben. *Lunaria*, der purpurne Fingerhut der alten Bauerngärten, leistet uns gute Dienste mit seinen Blüten, die sich im Herbst in silbrige Geldstücke (die Samenkapseln) verwandeln. Vergißmeinnicht sind im Schatten sehr glücklich, auch Akelei und Fliegendes Herz. Die gelbe *Oenothera biennis*, die Nachtkerze, steht leuchtend im Hintergrund; und falls man moorhaltige Erde hat oder ein Torfbeet anlegen kann, was wäre dann dankbarer als der blaue Himalaja-Mohn, *Meconopsis betonicifolia*?

Rechte Seite:
Der Fingerhut ist schattenverträglich und sucht sich seine Lücken selbst, in denen er sich üppig aussät.

Meconopsis

Kinder – und manchmal eben auch Gärtner – bekommen oftmals Geschenke, deren Wert sie erst sehr viel später erkennen. So erging es auch mir mit meinem ersten Scheinmohn (*Meconopsis*). Vor 17 Jahren, als mein Garten in Vermont so neu war, daß er eigentlich nur einer Pflanzschule glich, besuchte ich einen sehr guten Gärtner in New Hampshire. Es war Frühling und sein beneidenswert alteingesessener Garten auf dem Höhepunkt seiner Frühjahrspracht. Wir spazierten dort in jenem glücklichen Zusammentreffen von Bedarf und Fülle umher, das jeder Gärtner kennt, ich bewundernd und er grabend. Mein Karton war fast voll mit Wurzelstöcken, Ablegern und Jungpflanzen, als wir an den Wasserlauf kamen, der durch seinen Garten floß. Er bückte sich über einen Klumpen unscheinbarer, pelziger, umgeknickter, grauer Blätter und sagte: «Dies hier ist das Allergrößte. Sie müssen es einfach haben.»

Es handelte sich um *Meconopsis betonicifolia*, und er muß sich darüber gewundert haben, daß ich nicht gleich auf die Knie fiel. Vielleicht fragte er sich auch, ob meine Gleichgültigkeit sein Geschenk nicht als Verschwendung erscheinen ließ. Seine Anweisungen (die er zweimal wiederholte, so wie man das bei Kindern macht) waren aber auf jeden Fall ganz klar. «Teilen Sie das in einzelne Wurzelstöcke mit ein paar Wurzeln dran, wenn Sie zu Hause sind. Pflanzen Sie die in Höhe des Wurzelhalses fest ein, so wie Erdbeeren, in nährstoffreiche, abgelagerte Lauberde. Hell meliertes Licht. Vielleicht etwas Morgensonne. Brechen Sie aber die erste Blütenknospe aus. Sie *müssen* die erste Blütenknospe ausbrechen.»

Die ersten Schritte waren alle einfach, jedes einzelne Stück wuchs an und gedieh in dem kühlen Beet, das ich ihnen an meinem eigenen kleinen Bach bereitet hatte. Im ersten Sommer trieben sie fußgroße Rosetten eiförmiger, trübblauer, behaarter Blätter, ganz schön, aber kaum so hoch zu schätzen wie die kräftige Funkie «Royal Standard» oder das verwaschene Rosa der intensiv duftenden *Viola odorata*, die auch mit im Karton gewesen waren. Sie machten einen kalten Winter durch (Ich sollte lernen, daß sie so etwas lieben), und im darauffolgenden Frühling umschloß jede treibende Pflanze eine dicke, runde, haarige Knospe in ihrer Mitte. Inzwischen hatte sich mir aufgetan, was ich da besaß, denn mir sprang der Name ins Auge, wann immer er in Büchern auftauchte, so wie es einem geht, wenn man eine ungewöhnliche Pflanze draußen im Garten hat.

Ich fand heraus, daß *Meconopsis betonicifolia* der legendäre blaue Mohn aus dem Himalaja ist (ein *blauer* Mohn: schon die bloßen Worte ließen einen erschauern), im Vergleich zu allen anderen Blumen im Garten so etwas wie ein milchweißes Einhorn auf einem Bauernhof, und daß Gärtner auf der ganzen Welt einen darum beneiden. Ich las in T. H. Everetts *Encyclopedia of Gardening*, daß «diese Pflanzen im größten Teil Amerikas kaum oder überhaupt nicht gedeihen», und in *Wyman´s*

Der blaue Scheinmohn (*Meconopsis grandis* und *Meconopsis betonicifolia*) ist – obwohl er relativ schwer zu kultivieren ist – in den letzten Jahren zur Modeblume avanciert. Seine ungewöhnliche Schönheit lohnt aber auch alle Mühen bei der Aufzucht.

Gardening Encyclopedia, daß die Pflanze «bei amerikanischen Touristen immer großen Eindruck macht, weil sie in den meisten Gebieten der USA praktisch unbekannt ist». In *Ich schuf Gärten in aller Welt* merkt Russell Page an, daß man es mit dieser Pflanze «so oft versucht hat ... mit demselben Erfolg wie mit dem Stein der Weisen», und in *Green Thoughts* beklagt Eleanor Perényi wehmütig, daß sie «für einen flüchtigen Blick darauf, und sei es in eines anderen Garten, alles hergäbe». Und da stand sie, diese Unvergleichliche, in bester Verfassung, in *meinem* Garten.

Und sie schickte sich an, dort zu blühen, zum ersten Mal. «Brechen Sie aber die erste Blütenknospe aus. Sie *müssen* ...» hatte mein Gönner angemerkt, und seine wiederholte Anweisung war unmißverständlich. Als Gärtner mit fünfzigjähriger Erfahrung (wenn auch bis auf das letzte Drittel ohne Scheinmohn) ist mir Unbarmherzigkeit im Umgang mit Pflanzen nichts Neues. Ich kann bei Einjährigen die ersten, hoffnungsvollen Blüten auskneifen und deren Wurzeln zurichten, wohl wissend, daß das später besser für uns beide sein wird. Ich habe ein Schlachtermesser ins Herz von prächtigen Clivien und Schmucklilien gestoßen, deren Trieb mit einem Knirschen des Wurzelstocks auseinandergebrochen und die weißen, fleischigen Wurzeln eingekürzt, so wie man einen Haufen verbackener Nudeln zerteilt. Ich habe altehrwürdige, von Flechten ergraute Flieder geköpft, damit sie sich verjüngen konnten. Ich bin gegen solche Gewaltakte abgehärtet, aber die ersten Knospen von *Meconopsis betonicifolia* auskneifen, wenn selbst Eleanor Perényi «für einen flüchtigen Blick alles hergäbe ...»?

Zum Glück begegnete ich im rechten Moment H. Lincoln Foster auf einer Tagung der Ortsgruppe Berkshire der Amerikanischen Steingartengesellschaft. Obwohl alt und sehr krank, kümmerte er sich noch immer um Millstream, seinen Garten im Süden Connecticuts, und seine Autorität als einer der größten Gärtner Amerikas umgab ihn wie eine feine, würdevolle Robe. Er erklärte mir, daß solche *Meconopsis*, die prinzipiell mehrjährig werden können, als junge Sämlinge oder Ableger alle Kraft in ihre erste Blüte legen. Dann werden sie «monokarp» (was viele dieser Sippe immer sind), gehen also nach der Blüte so wie jeder gewöhnliche zweijährige Fingerhut ein. Wird jedoch diese erste Blüte ausgekniffen, dann schicken sich einige (nicht alle) an, Wurzelstöcke zu bilden und von Jahr zu Jahr als echte Stauden auszudauern. «Also», sagte er, «wenn Sie da wirklich *betonicifolia* haben», (im Unterschied zu einem Dutzend anderer Namen, die er abspulte, von, wie ich später erfahren mußte, echten Zweijährigen, was immer man mit ihnen versucht) «dann sollten Sie sie lieber auskneifen.»

Da hörte ich es zum zweiten Mal, von einer über jeden Zweifel erhabenen Autorität. Und auch wenn ich zugegebenermaßen in meinem Leben, vor der Wahl zwischen sofortigem, verschwenderischem Genuß und umsichtiger Klugheit stehend, sonst immer dazu geneigt habe, mich nach Art der Grille und nicht der Ameise zu verhalten – in diesem Fall, wo ich eine solche Pflanze in meinem Garten hatte und eine einzige Geste hinausgezögerter Freude, ein winziger, schmerzender Kniff, Mehrjährigkeit und damit Jahre wiederkehrender Freude bedeuten würden ... Jahre unbändigen Stolzes, schmucker Erhabenheit und zutiefst empfundener Betrübnis

Der Schlafmohn, mit dem Scheinmohn nicht verwandt, beendet seinen Auftritt nach einem Sommer, aber er sorgt verläßlich für Nachkommen. Wer ihm tief ins Auge blickt, kann bereits die Samenkapsel erkennen, die den Garten noch lange über die Blütezeit hinaus schmücken wird.

über das Pech anderer Gärtner ... also gut, ich kniff die Knospe aus. Ich widerstand sogar dem verlockenden Gedanken, daß ich, weil ich ja fünf Pflanzen hatte, vielleicht nur vier auskneifen könnte und wenigstens bei einer sofort in den Genuß der Pracht käme, auch wenn es sie das Leben kosten würde.

Es war ein Glück, daß ich mit *Meconopsis betonicifolia* anfing, weil diese innerhalb der Gattung von etwa 45 Arten diejenige ist, die am leichtesten zu ziehen und, wenn man sie dazu zwingt, die verläßlichste Mehrjährige ist. Und auch wenn in ihrer Familie drei oder vier Vettern mit ihr um den Titel streiten, so kann man sie doch als die schönste bezeichnen. Im zweiten Frühling nach dem Auskneifen bildet sie aus einem zentralen Blattquirl mehrere Triebe, von denen die meisten Knospen ansetzen und schließlich auf gut einen Meter hohen Stengeln blühen. Jeder Stengel gipfelt in einer prachtvollen, nickenden Blüte von ungefähr sieben Zentimeter Durchmesser und trägt weiter abwärts zwei bis vier kleinere Blüten. Normalerweise findet man vier Blütenblätter, obwohl seltsamerweise Pflanzen im Garten auch Blüten mit sechs oder mehr Blütenblättern aufweisen können, ein Phänomen, das man bei Wildpflanzen noch nie beobachtet hat. Richtig gefüllte Blüten scheinen allerdings nie vorzukommen, und das ist auch gut so, denn die Blüte zeigt eine Anmut – beinahe wie die einer Tonfigur aus Tanagra –, die durch zu schwere Blütenblätter nur zerstört würde.

Diejenigen, bei denen die Pflanze überhaupt wächst, sind ziemlich eingebildet hinsichtlich der Farbe der Blüten, im Idealfall ein reines Himmelblau, das man sich kaum vorstellen kann, wenn man nicht davorsteht. Entweder bedingt durch die Herkunft des gesammelten Saatguts oder, wie andere vermuten, den basischen oder trockenen Boden, in dem sie stehen, können die Pflanzen Blüten in einem Farbspektrum zeigen, das von einem helleren, mehr wäßrigen Blau über Malvenfarben sogar bis hin zu bräunlichem Purpur reicht. Wie man sich denken kann, werden rein blaue Blüten allen anderen vorgezogen; aber tatsächlich gibt es keine unschönen *Meconopsis betonicifolia*, und diejenigen, deren Farbe am meisten von den reinen Tönen abweicht, zeigen ineinander verwaschene Farbtöne, die auf ihre Weise einen eigentümlichen, durchscheinenden Effekt hervorrufen. Ich hatte sogar eine einzelne Pflanze mit tief weinroten Blüten, gezogen aus Saatgut, das Dan Hinkley drei Jahre zuvor auf einer Expedition in Nepal gesammelt hatte. Leider hatte ich bei dieser nicht die Knospen ausgekniffen, und ich frage mich bis heute, ob diese Pflanze die einzige mit dieser Farbe war, die je in die westliche Welt gelangte, oder gar die einzige, die überhaupt jemals existiert hat.

Für eine Pflanze, die so berühmt ist, wurde *Meconopsis betonicifolia* überraschend spät eingeführt: Frank Kingdon-Ward brachte 1924 Saatgut aus Westchina nach England. Im Garten von Graham Stuart Thomas, der damals noch «ein Schuljunge» war, kam sie 1927 zur Blüte («Es begeisterte mich über alle Maßen»). Sieht man davon ab, daß sie eher ausdauert und leicht geteilt und vermehrt werden kann, so ist schwer nachvollziehbar, warum sie für die meisten Menschen *der* blaue Mohn aus dem Himalaja schlechthin wurde und *M. grandis* verdrängt hat, der zumindest ein ebenbürtiger Platz gebührt. In den begünstigten Gärten, in denen überhaupt ausdauernde *Meconopsis* wachsen, ist diese die ältere, die bereits 1895 in den Königlichen Botanischen Garten in Edinburgh gelangte, deren erste Blüten dort allerdings eine Enttäuschung waren, ein «stumpfes Portweinrot», für eine *Meconopsis* wirklich sehr schlecht. Spätere Einführungen aus Sikkim erbrachten dann Blüten in dem einwandfreien, prächtigen Satinblau, die, wie Graham Stuart Thomas anmerkte, «wie Lampenschirme» an der Spitze kräftiger, gut einen Meter hoher Stengel hingen. Wenn man ihr die Bedingungen bietet, die alle *Meconopsis* benötigen – tiefer Laubboden, reichlich Feuchtigkeit im Wurzelbereich und in der Luft, perfekte Drainage, Schutz vor sengender Sonne und austrocknendem Wind sowie vor allem kühle Sommernächte und frische, heitere Tage –, kann *M. grandis* richtig Fuß fassen und eine zuverlässige Staude werden, die einfach mit dem Austrieb im Frühling geteilt und wieder gepflanzt werden kann. Unter den genannten Bedingungen können ganze Triften angelegt werden, die zur Blütezeit alle Blicke auf sich ziehen.

M. grandis ist auch beliebig mit *M. betonicifolia* kreuzbar, wobei starkwüchsige Hybriden mit prächtigen Blütenfarben entstehen. Die Nachkommen dieser Kreuzungen werden alle unter dem Namen *Meconopsis x sheldonii* zusammengefaßt, zu Ehren eines Sheldon aus Oxted in Surrey, der als erster die Idee hatte, dieses Paar zusammenzubringen. Schottische, irische und nordenglische Gärtner (die den Dreh mit *Meconopsis* mit links beherrschen) schwärmen von einigen dieser Kreuzungen wie zum Beispiel «Branklyn», die wüchsigste und höchste in dieser Gruppe, mit Blüten – oder eher Untertassen – bis zu 25 Zentimeter Durchmesser. Die Krone gebührt aber «Slieve Donard», benannt nach der berühmten Gärtnerei, die Sorte bleibt niedriger und weist kleinere Blüten auf, was von Vorteil ist, denn schließlich ist ein Scheinmohn keine Dahlie. Die Schönheit der Blüte ist mit Worten nicht zu beschreiben, ein Laut des Erstaunens und heftiges Herbeiwinken tun es eher.

Nicht alle *Meconopsis* blühen in Blautönen (rein oder unvollkommen), und nicht alle sind so schrecklich schwierig zu halten. Bei weitem am leichtesten wächst *Meconopsis cambrica*, der Wald-Scheinmohn aus Westeuropa, wirklich eine schöne Pflanze, obwohl ihre munteren Farben – Zitronengelb oder Orange – und ihr einnehmender Wuchs sie in dieser hochmütigen Sippschaft in Mißkredit gebracht haben. Obwohl allgemein als winterhart in den Zonen 6–9 aufgeführt, ist dieser Scheinmohn viel robuster, er überlebt hier in Vermont und sät sich erfreulicherweise selbst aus. Es ist die einzige in Westeuropa einheimische Art, und bevor die asiatischen Arten eingeführt wurden, war sein Ansehen nicht wie heute das eines armen Verwandten, sondern ein wenig höher. Zwischen pelzigen, hellgrünen, 25 Zentimeter großen Blättern erheben sich zahlreiche behaarte Stengel, die jeweils in einer einzelnen, nickenden Knospe enden, die sich in zwei Teile spaltet und eine gekräuselte, fünf Zentimeter große Blüte freigibt. Wie bei den meisten Mohnen und manchen Anemonen ist auch diese Blüte ein Windspiel, das bei der leichtesten Brise zu tanzen beginnt, bis nach drei, vier Tagen die Blütenblätter abfallen und die Samenkapsel heranreift. Anders als ihre hochgeschätzten asiatischen Verwandten (deren Saat im Herbst gesät und ohne Schocks überwintert werden muß) keimt *M. cambrica* willig im Garten, und zwar so reichlich, daß sie in Gärten, in denen sie sich wirklich wohl fühlt, zur Plage werden kann. Wegen ihres großen Charmes wird sie aber nie zu einem schrecklichen Ärgernis. Wo sie nicht wachsen soll, kann man sie einfach ausgraben (wie alle Mohngewächse haßt sie jede Störung im Wurzelbereich), und häufig ist man angenehm überrascht, sie aus einer Ecke sprießen zu sehen, wo man sie nicht gepflanzt hat. Die Art blüht an sich rein gelb, hat aber die orangefarbene Sorte «Aurantiaca» so sehr im Blut, daß zumeist eine schöne Mischung von Zitronen- und Orangetönen erscheint. Es gibt auch eine gefüllte Sorte, «Flore Pleno», die für sich allein schön ist, nicht aber mit ungefüllten gemischt, da diese dann so aussehen, als fehle ihnen etwas.

Eine andere Gruppe *Meconopsis* fordert Beachtung durch die Gärtner, in deren Gärten sie gedeiht, nicht wegen ihrer Blüten, sondern wegen ihrer Blätter. Die Liebe zum Blattwerk ist vielleicht die am weitesten verfeinerte von allen Gartenfreuden, bei der schließlich viele Gärtner enden. Die meisten wollen anfangs Blüten, und Blätter – in all ihrer Schönheit – sind, wenn sie überhaupt wahrgenommen werden, da bloß notwendige Nebensächlichkeiten auf dem Weg zur Hauptsache. Natürlich werden von den gewöhnlichen Gartenpflanzen Funkien wegen ihres Blattwerks gepflanzt und die Blüten, wenn sie auch oft ganz nett sind (zumindest anfänglich), unbeachtet abgeschnitten. Es gibt auch Pflanzen – auf die mancher Liebhaber schließlich stoßen mag – mit protzigen Blättern, etwa *Petasites japonicus* var. *giganteus*, die Japanische Pestwurz, oder *Tovaria virginiana* «Variegata» mit cremeweiß gefleckten, eiförmigen Blättern, eine Art, die jetzt leider in die Gattung *Fallopia* einbezogen worden ist. Aber etwas anderes als Liguster oder *Pachysandra* allein wegen des Blattwerks anzupflanzen kommt vielen Gärtnern seltsam vor. Besonders seltsam, wenn es um *Meconopsis* geht.

Trotzdem werden *Meconopsis paniculata* wie auch *M. napaulensis* auf einem Streifzug durch den herbstlichen Garten jeden jäh verharren lassen, auch wenn sie weder blau noch überhaupt blühen. Das heißt, sie werden es tun, wenn man gärtnert, wo asiatische *Meconopsis* gedeihen, und sie dort anpflanzt. Beide stammen aus großen Höhen in Nepal und Westchina und sind daher an lebensfeindliche Kälte angepaßt, die sie förmlich zum Überleben zu brauchen scheinen. Ihre eingebauten Bettdecken wären ansonsten verschwendet. *M. napaulensis* trägt einen dicken, silbrigen Pelz über salatgrünen Blättern, *M. paniculata* einen goldenen über senfgelben Blättern. Beide *Meconopsis* sehen schwer bewaffnet aus, doch wenn man sie berührt, merkt man, daß sie so weich wie Gänsedaunen sind. Kaktusstacheln machen Sinn, da sie in der Regel Schutzvorrichtungen sind, eine Art *noli me tangere* gegen potentielle Störenfriede. Vielleicht soll, wie so oft im Tier- und Pflanzenreich (und bei Menschen), ein bißchen Vortäuschen statt echter Tatsachen genügen. Höchstwahrscheinlich ist der Haarpelz eine geschickte Vorrichtung, um Tau und Regentropfen aufzufangen und auf diese Weise ein feuchtes Kleinklima um jede Pflanze zu erzeugen. So vorteilhaft das für die Pflanze sein mag, so entzückend ist es für den Gärtner, denn wenn die fußgroßen Rosetten gelappter Blätter mit Perlen übersät sind, scheinen sie wie aus Glas, die einen silbern und die anderen golden.

Und noch mal Mohn, wieder einer, der mit *Meconopsis* nur den Namen gemein hat: Orientalischer Mohn.

Sowohl *M. paniculata* als auch *M. napaulensis* sind monokarp, das ist der Fluch, mit dem sie behaftet sind. Monokarp bedeutet nicht zwangsläufig zweijährig, denn obwohl einige von diesen Pflanzen im zweiten Jahr nach dem Keimen blühen, lassen sich die meisten zwei oder gar drei Jahre Zeit, bis sie im zeitigen Juni hoch aufragende Blütentriebe schieben. *M. paniculata* kann zwei Meter Höhe erreichen und trägt zumeist gelbe, hängende Blüten von fünf Zentimeter Durchmesser, es gibt aber auch rosa blühende Sorten. *M. napaulensis* kann sogar noch größer werden, bis zu zweieinhalb Meter, und blüht rein blau, ziegelrot, rosa, purpurn, selten auch weiß. Zu Beginn der Blüte sind beide von aufsehenerregender Schönheit, aber wie bei wenigen anderen Blütenpflanzen (wie etwa *Liatris spicata*, der Prachtscharte) öffnen sich die Blüten nacheinander von oben nach unten, so daß der Reiz zur Mitte und gegen Ende hin durch das Dahinscheiden der Hauptdarsteller ein wenig getrübt wird. Auch die wundervolle Blattrosette ist keines Blicks mehr wert, denn sie ist verwelkt und wird nie wieder zu sehen sein.

Keine asiatische *Meconopsis* hat sich hier jemals selbst ausgesät, wohl weil die Winter fürs Überleben der Sämlinge zu kalt sind. Man muß deshalb die feinen Samen von den vertrockneten Halmen schütteln, sofort aussäen und sie in einem sehr kühlen Gewächshaus durch den ersten Winter bringen, bevor man sie im Frühling auspflanzt. Wie bei allen monokarpen Pflanzen macht das eine Menge Arbeit. Aber Blätter und Blüte sind bei *M. paniculata* und *M. napaulensis* so schön, daß sich die Mühe lohnt. Außerdem ist es eine weitere Besonderheit im Garten.

Wenn man so wie ich in einem sehr kalten Teil des Landes gärtnert, wo Minimumtemperaturen um -30°C im Winter üblich sind und selten mehr als 100 frostfreie Tage zwischen dem letzten Kälteeinbruch im Frühling (Mai) und dem ersten im Herbst (Anfang September) liegen, muß man sich an andere als durch das Wetter bedingte Zumutungen gewöhnen. Die schlimmsten kommen von anderen Gärtnern, die in milderen Gegenden leben und mich stets fragen, warum ich mir solch einen Ort ausgesucht habe, an dem ich mein Gärtnerleben verbringe, wo «wie alle Welt weiß, außer Flechten kaum etwas gedeiht». Oberflächlich betrachtet, ist das stets eine wohlmeinende Frage, so wie «Warum trinkst du soviel?» oder «Wieso bist du so dick geworden?» Aber dahinter verbirgt sich eine gewisse Selbstzufriedenheit, ein Anflug von Selbstbeglückwünschen, das aus der Überzeugung rührt, daß sie – sei es aus Glück, Zufall oder freien Stücken – niemals eine solche Torheit begangen haben und es auch nie tun würden.

Meine Antwort auf diese Fragen hängt von der Einstellung meines Gesprächspartners ab. Bei denjenigen, die sich für solche Dinge interessieren, machen es politische, soziale und ökologische Beweggründe leicht zu begründen, warum ich in Vermont lebe. Auch diejenigen, die die Schönheit der bewaldeten Hügel, die Reinheit der Luft, die herbstliche Pracht und die tiefe, verschneite Winterruhe wahrnehmen können, sind leicht zum Schweigen zu bringen. Aber der wahre Gärtner, dieser eingeschworene spleenige Typ, wird weiter brummeln: «Na schön, aber was kannst du *anpflanzen*?»

Wenn so einer kommt, kann er sich im Garten umsehen, der mittlerweile 2,8 Hektar umfaßt, mit vielen Pflanzen (wie zum Beispiel Scheinkamelien, aufgeführt als hart in Zone 5, oder Maiglöckchenbäumen, hart in Zone 6), die überraschenderweise hier blühen und gedeihen. Trotz der bitteren Kälte im Winter schafft das Klima günstige Bedingungen zum Akklimatisieren von Pflanzen, die als zu empfindlich für Vermont gelten. Trockenheit im Sommer tritt selten auf, so daß der Rasen im Juli und August smaragdgrün bleibt. Der Boden ist, zumindest in dem Teil des Landes, in dem ich lebe, nahezu perfekt: tief, humusreich und sehr durchlässig, der sprichwörtliche «sandige Lehmboden», den man anderswo selten findet. Die Höhenlage von etwa 600 Metern bringt dem Garten kühle Nächte und helle, warme Tage, genau die Bedingungen, unter denen sich so viele Gartenpflanzen richtig wohl fühlen. Die Schneedecke ist tief und zuverlässig und deckt den Winter auf eine Art und Weise zu, die mir inzwischen trotz der eisigen Weiße seltsam warm erscheint. Und durch viele Kniffe und Tricks, anfangs aus Notwendigkeit, inzwischen aus etwas wundersamem Vergnügen heraus, bin ich daran gewöhnt, in puncto Winterhärte meine Spielchen zu treiben, was für Gärtner, die in ähnlichen Gegenden wie ich wohnen, eine andere Form von Wintersport ist.

Und dennoch, wenn ich eine Gruppe von Pflanzen, die ich kultiviere, angeben sollte – wenn von mir verlangt würde, ausdrücklich eine bestimmte zu nennen –, die rechtfertigt, wo ich gärtnere, dann wären es *Meconopsis*. Wie ich doch die Gärtner bedauere, die sie nicht haben können.

Gertrude Jekyll

Märzbilder

Gegen Ende März kommt ein Tag, an dem nur geringer Wind aus Westen oder sogar Südwesten herrscht. Die Sonne hat viel Kraft gewonnen, so daß es angenehm ist, draußen im Garten zu sitzen oder besser noch in einem sonnigen Winkel im schützenden Wald. Einen solchen Platz gibt es zwischen silberstämmigen Birken, die hier und dort von der glänzenden Fülle prachtvoller dunkler Stechpalmen durchsetzt sind. Den weiteren Hintergrund bilden oberhalb der Augenhöhe die warmen Farben der knospenden Laubbäume; auf dem Boden sind es die verblassenden Rostfarben der nun beinahe flach liegenden Wedel des vorjährigen Adlerfarns und die noch blasseren, angewehten Blätter der benachbarten Eichen und Kastanien. Das Sonnenlicht fällt glänzend auf die silbernen Stämme der Birken und wirft ihre Schatten klar abgezeichnet über den grasbewachsenen Waldweg. Der Rasen ist noch kaum grün; er trägt die matte Winterfarbe von Gras, das noch nicht zu sprießen begonnen hat und noch von den kurzen Überbleibseln des feinblättrigen Heidegrases von der letzten Mahd des vergangenen Jahres übersät ist. An jungen Buchen und Eichen hängen noch braune Blätter. Die Stämme der Edelkastanien sind elefantengrau, im bemerkenswerten Gegensatz zu den stracks aufsteigenden Birkenschäften. Einige Gruppen der blassen, frühen Pyrenäennarzisse schimmern ein Stück weiter auf dem Boden.

Eines der schönsten Gesichter der Blumenwelt: *Helleborus orientalis*, ssp. *guttatus*.

Dies ist nun das erste vollkommene Bild des Blumenjahres in der Waldlandschaft. Die Stelle liegt nicht weit vom Haus, nur knapp hundert Meter tief im Busch werk, wo Blumen besser hinpassen als weiter weg. Blickt man nach links, so sieht man durch die blattlosen Bäume den langen First und die Südschräge des Hausdaches, wobei der größte Teil des Mauerwerks hinter schützenden Stechpalmen und Wacholdersträuchern verborgen liegt.

Ein anderer breiter Grasweg, auf dem man zum Garten hinunterkommt, führt westwärts zwischen den Kastanien hindurch, wendet sich dann hügelabwärts nach Norden und ändert nochmals die Richtung durch eine Rhododendren- und Birkenpflanzung, bevor er auf den Hauptrasen stößt. Doch noch vor der letzten Wegbiegung zeigt sich am Waldessaum vor dem Teppich aus welkem Laub eine ansprechende Ansammlung von Farben. Unregelmäßig hat sich hier eine Gruppe von *Daphne mezereum* (Seidelbast) ausgebreitet. Dazwischen stehen einige Büschel rote *Helleborus* und davor Hundszahn in lockeren Gruppen. Die nah verwandten Tönungen entzücken das farbengeübte Auge. Sie leuchten nicht, sondern sind zurückhaltend, vornehm, im Einklang mit dem verschleierten Licht, das die Blumen durch das Dickicht der Stechpalmen und der doppelt mannshohen Kastanien und benachbarten Buchen erreicht. Die Farben sind alle ein bißchen «müde», wie früher die Autoren so treffend die Tönungen der Blumen mit Halbfarben bezeichneten. Doch es ist ein vollendetes Bild. Immer wieder zieht es einen dorthin zurück, wie zu einem Gemälde, mit dem man gerne lebt.

Sich solche lebenden Bilder aus einfachen bekannten Blumen zu ersinnen, scheint mir die höchste Anforderung zu sein, die der Garten an uns stellen kann. Ob es die Zusammenstellung von zwei oder drei Pflanzenarten oder auch nur ein geglücktes Nebeneinander einer einzigen Art ist oder ob es sich um die Anordnung einer viel größeren Anzahl von Pflanzen handelt, wie bei einer Staudenrabatte im Hoch- oder Spätsommer: die Absicht ist immer die gleiche. Ob das Arrangement einfach und anspruchslos, ob es kühn und prächtig, ob es auffällig oder fast nicht zu bemerken ist, Ziel muß immer sein, die Pflanzen nach bestem Können und Wissen so zu setzen, als wolle man Bilder von lebendiger Schönheit schaffen.

Ich sehe so selten, daß dies versucht wird, aber es erscheint mir wichtig ...

Die Beispiele für die frühen Märztage sind besonders reizvoll, weil es erst wenige Blumen gibt. Der Blick wird nicht so leicht durch große Vielfalt wie später im Jahr abgelenkt und konzentriert sich bereitwilliger auf die wenigen Dinge, die zu beobachten und zu tun sind. So ist die notgedrungene Beschränkung eine gute Vorbereitung: Man nähert sich in kleinen Schritten dem reicheren Beobachtungsfeld, das sich dann später bietet.

Jetzt gehen wir weiter durch die dunkel sich auftürmenden Rhododendren und die Birken, die zwischen ihnen in die Höhe ragen. Die silberhellen Stämme, mit den mannigfaltigsten Braun- und Grautönen gefleckt und gebändert, die so dunkel sind, daß sie fast wie leuchtendes Schwarz wirken, welchen Kontrast bilden sie zu dem blauen Grün der Rhododendren! Wie verschieden ist der Wuchs dieser beiden Baumarten! Durch die dichte, ledrige Blattfülle in rundlicher, geschlossener Silhouette stoßen die hohen, weißen Stämme empor. Ihr zartes Netzwerk verästelter Zweige wiegt sich hoch über dem Kopf sanft hin und her.

Helleborus nigercors, eine Hybride von *H. niger und H. corsicus*, ist eine besonders gefragte botanische Rarität. Mary Keen erzählt, daß bei englischen Züchtern die Nachfrage so groß ist, daß man Jahre im voraus bestellen muß.

Wir gelangen jetzt zum Rasen, der nach Norden leicht abfällt. Auf der rechten Seite säumt ihn eine niedrige Mauer, die oben waagerecht verläuft. Sie stützt eine Rabatte und einen Weg an der Westseite des Hauses ab. Das Beet und die Mauer bilden eine Einheit, denn es ist eine Trockenmauer, die teilweise mit den gleichen Sträuchern und Halbsträuchern bepflanzt ist, die oberhalb stehen. Während des ganzen Winters war dieses schmucke, graue Kleid aus *Phlomis*, Lavendel, Rosmarin, Cistrosen und *Santolina* ein tröstlicher Anblick. Am Ende der Mauer, wo sie auch am höchsten ist, erfreuen vor und über ihr in aller Üppigkeit *Choenomeles japonica*, die schon ihre rosaroten Blüten zeigen. An einer Stelle am Fuß der Mauer steht eine kräftige Gruppe *Iris unguicularis*, deren erste Blüten schon im November erscheinen. Diese vortreffliche Pflanze blüht unbeirrt – sowie es milde und sonnig ist – während des ganzen Winters. Sie liebt einen sonnigen Platz vor einer Mauer in magerer Erde. Wenn sie in bessere Erde gepflanzt wird, werden die Blätter sehr groß, und es kommen nur wenige Blüten.

Jetzt bewegen wir uns zwischen Gruppen von Büschen und treffen danach auf das heitere Bild einer *Magnolia denudata*, die in ihrem süß duftenden Blütenkleid Hunderte der großen, weißen Kelche trägt. Kurz bevor wir zu ihr gelangen, stehen – und gehören mit zu diesem Gartenbild – einige hohe Büsche. *Forsythia suspensa*, die ihre meterlangen Zweige mit der dichten Last klarer, gelber Blüten in alle Richtungen strecken. Sie sind drei bis vier Meter hoch; aufblickend sieht man die reiche Blütenpracht hell leuchtend gegen das makellose Blau des Himmels. Da der obere Teil der Magnolie auch im Blick ist, bieten sie gemeinsam ein drittes Blumenbild.

Dies sind die Tage der wärmsten Weiß- und reinsten Gelbtöne vor leuchtendem Himmelblau bei strahlendem Sonnenlicht. Zwischen den Forsythien steht auch ein großer Busch *Magnolia stellata*, dessen milchweiße Blüten wohl an die tausend zählen. Wenn die Blüten der früheren *Magnolia denudata* dem Ende entgegengehen, kommt er voll zur Geltung und hält mit der Forsythie Schritt, die bis weit in den April hinein ihr gelbes Kleid trägt.

Es ist immer etwas schwierig, eine geeignete Stelle für die frühen Zwiebelpflanzen zu finden. Viele können an naturbelassenen Grasplätzen erfreuen, doch wir wollen sie auch zu hübschen, lebenden Bildern im eigentlichen Ziergarten zusammenstellen.

Nichts finde ich unbefriedigender als die Art, wie sie üblicherweise im Garten stehen, überall verstreut in spärlichen Gruppen am Rand von Blumenrabatten, wo sie nur als kleine, unzusammenhängende Farbtupfer wirken und wo sie unvermeidlich in Gefahr geraten, gestört und wahrscheinlich verletzt zu werden, wenn ihre Blätter abgestorben sind und ihr Platz für Sommerblumen gebraucht wird.

Viele Jahre lang habe ich mir den Kopf darüber zerbrochen, wie ich mit diesen frühen Zwiebelpflanzen verfahren soll. Schließlich habe ich mir etwas ausgedacht, das mir befriedigend erscheint und das ich ohne zu zögern jedem empfehle.

Auf der anderen Seite eines Weges, der meinen Junigarten einfaßt, liegt ein etwa zwanzig Meter langes und drei Meter breites Beet. In seiner Tiefe stehen alle drei

Manchmal müssen wir bis in den April auf die Narzissen warten, aber sie gehören zu den unmißverständlichen Boten des Frühlings.

Meter Lärchenpfosten, an denen Rosen hochklettern. Diese Rosen umkleiden nicht nur die Pfosten, sondern wachsen als Girlanden, an durchhängenden Ketten rankend, von Pfosten zu Pfosten. Dahinter wächst Bambus, und dann folgt eine alte Hecke mit Rotkiefern, Eichen und Weißdorn. Das Beet steigt vom Pfad aus an, bildet eine sanfte Böschung. Es wurde zunächst mit winterharten Farnen in großzügigen Gruppierungen bepflanzt. Hauptsächlich mit Wurmfarn: Er ist nicht nur sehr dekorativ, sondern auch äußerst widerstandsfähig; seine Wedel bleiben bis in den Winter hinein grün. Zwischen die Farngruppen werden die Zwiebeln gesetzt, die Beetränder sind aus Moossteinbrech.

Die Farbkomposition beginnt mit dem Rosa der *Bergenia ciliata* f. *ligulata* und den tieferen Rosatönen von *Corydalis solida* und Hundszahn (*Erythronium*). Dahinter stehen *Helleborus* von dunkelroter Färbung, die sich auf bezaubernde Weise mit den Farbtönen der Zwiebelpflanzen verstehen. Dann folgen einige weiße *Helleborus*, die sich grünlichweiß gefärbt haben werden, wenn die ziemlich späte *Scilla amoena* in Blüte steht. Ein Stückchen weiter leuchtet es in reinstem Blau mit Weiß dazwischen: Das sind *Scilla siberica* und weiße Hyazinthen. Anschließend folgen in ebenso reinem Blau *Scilla bifolia* und *Chionodoxa* und eher tiefviolett die späteren Traubenhyazinthen. Dahinter erblüht, zu voller Schönheit fast als erstes in dieser Rabatte, ein langer Streifen weißer Krokusse, die von dem Blauweiß der *Puschkinia* abgelöst werden. Danach wiederholt sich die Mischung aus reinem Blau und Weiß von *Chionodoxa* und weißen Hyazinthen.

Eine Veränderung der Farbenzusammenstellung entsteht sodann durch weiße, gelbe und goldgelbe Blüten, zuvorderst die zweifarbige Trompetennarzisse «Princeps» und dahinter durch das kräftigere Gelb zweier anderer kleiner, früher Arten *Narcissus nanus* und die reizende kleine *Narcissus minor*, die, obwohl doch recht eigenartig, in Gärten häufig mit *Narcissus nanus* verwechselt wird. Zwischen ihnen und in weiteren Streifen und als Farbtupfer gegen Ende der Rabatten steht goldblättriger Baldrian, der früh im Jahr wegen seines leuchtend gelben Blattwerks so nützlich ist. Die jungen Blätter der orangefarbenen Taglilie sind auch blaß gelbgrün und bilden einen schönen Abschluß in der Rabatte. Diese Pflanzen mit goldgelben und mattweißen Farben stehen auch in einem entfernteren Gebiet außerhalb dieses planvoll angelegten Beetes und kommen besonders zur Wirkung, wenn das Auge über die Rabatten streift und auf diese Stelle trifft. Bevor man das Ende der Rabatten mit den Zwiebelpflanzen erreicht, bietet sich nochmals ein Bild miteinander harmonierender, gebrochener rosa Töne der *Bergenia* und der kleinen *Corydalis* in Gemeinschaft mit der hellen, frühen Pyrenäennarzisse *Narcissus pseudonarcissus* ssp. *pallidiflorus*.

Die Zwiebelpflanzen blühen nicht alle zu gleicher Zeit, doch von den einzelnen Farben für die beabsichtigte Komposition sind immer genügend vorhanden, um in jeder Gruppe die richtige Wirkung zu erzielen. Vom Ende des Beetes aus, bei den *Erythronium*, wirken die Farben in ihrer Zuordnung und Aufeinanderfolge anmutig und reizvoll, in einigen Teilen sogar lebhaft. Die reinen Blautöne im Mittelpunkt werden durch die gelben Blüten und das goldgelbe Blattwerk dahinter sehr gesteigert.

Noch einmal *Helleborus*, diesmal *viridis*.

Eine ganz ähnliche Zusammenstellung von Vorfrühlingsblühern wurde geschaffen, wo ein Weg, vom Rasen her kommend, sich in drei Graswege teilt, die hinauf ins Buschwerk führen. Die bepflanzte Stelle ist ein Hang, der von den Graswegen aus ansteigt und mit wenigen großen Steinen besetzt ist. Da der Hintergrund von Stechpalmen und Wacholdersträuchern gebildet wird und dann erst die Birken des Waldes kommen, wurden in der Tiefe des Hanges solche Büsche gepflanzt, die in ihren Farben sowohl zu den Blumen passen als auch harmonisch zu dem entfernteren Wald überleiten. Es sind dies *Rhododendron* x *praecox* und *Pieris floribunda*, hinter denen sich schon ein kriechender Wacholder weit ausgebreitet hat, während die Bepflanzung vorne durch früh blühende Heide betont wird: *Erica herbacea* in zwei verschiedenen Farbtönen und Hybridheiden. Ein Streifen Alpenrosen (*Rhododendron ferrugineum*), deren Blütezeit allerdings später ist, wirkt wie eine Art Rückgrat und vermittelt einen Eindruck von Strenge und Festigkeit.

Im April und Mai wachsen die Blätter der Zwiebelpflanzen aus. Die Samenkapseln werden sorgfältig entfernt, damit die Zwiebeln ihre Kraft behalten. Gegen Ende Mai rollen die Farne ihre blättrigen Krummstäbe aus, und im Juni haben sich die gefiederten Wedel in ihrer ganzen zarten Frische entfaltet. Sie beschirmen den Hang über und über, und wir vergessen, daß unter ihnen die Zwiebelpflanzen Ruhe halten. Der Hang trägt das schönste Kleid aus Farnen, wenn der Junigarten, dessen westliche Begrenzung er bildet, in voller Blüte steht.

Luzie Krolow

Die Hosta: Ruhepunkt im Blumenmeer

Unter den vielen blühenden Pflanzen im Sommergarten sucht man sich gern einen Ruhepunkt. Den bietet uns die Hosta, auch Herzblattlilie genannt. Mit ihren vielfältigen Blättern überbietet sie die anderen Stauden. Große Blätter, kleine Blätter, rund, oval, grün oder bläulich, gerillt oder gewellt und panaschiert in vielen Variationen. Eine übergroße Vielfalt zeigen uns die mehr als 50 Arten. Dabei ist die Hosta erst seit gut 200 Jahren hier bekannt. Im Vergleich zu anderen Gartenpflanzen ist sie fast eine Neuheit. Obwohl anderes schon recht früh aus China oder Japan zu uns kam, wie Päonien, Iris, Chrysanthemen, blieb die Hosta im Hintergrund. Die Blütenpflanzen waren es, die die Sammler bevorzugten.

Sogar in ihrem Heimatland Japan blieb die Hosta im Hintergrund. Das Zentrum ihrer Verbreitung liegt im Bergland der japanischen Hauptinsel Honshu. Zur Gattung der Hosta, oft auch noch Funkia genannt, zählen nur Stauden. Die Arten gehörten lange Zeit zur Familie der *Liliaceae*, der Liliengewächse. Nach der Neuordnung dieser Familie ist die Gattung zu der Familie der *Hostaceae* zu rechnen. Aber schon zweifeln einige Wissenschaftler an dieser Zuordnung und möchten die Hosta bei den Agaven unterbringen. Dieses große Durcheinander in der Nomenklatur hat auch der Verbreitung geschadet. Außerdem gab es sehr lange keine deutsche Literatur darüber. Das erste deutsche Buch über Hosta und deren Gattungsbestimmung stammt von Fritz Köhlein: Hosta (Funkien), Ulmer Verlag, 1993.

Es waren vor allem drei deutsche Ärzte, die im Dienst der holländischen Ostindienkompanie standen, sich in der Freizeit mit Botanik befaßten und die Hosta in Japan fanden. Engelbert Kaempfer, ein gebürtiger Westfale, zeigte sich an der Flora Japans sehr interessiert und entdeckte zuerst diese Schmuckblattpflanze. Er schickte Zeichnungen nach Europa. Dann war es vor allem der Würzburger Philipp von Siebold, der 1829 Hosta-Pflanzen in den Botanischen Garten von Leyden brachte. Ihm verdanken wir die Einführung der vielen panaschierten Arten, die wir noch heute in den Gärten finden. So die *Hosta undulata*, *Hosta decorata*, *Hosta cripula*. Nach Siebold selbst sind einige Hosta-Arten benannt: die *Hosta sieboldiana* mit blauem Blatt und *Hosta sieboldii*, eine Weißrandfunkie, die in Japan sehr verbreitet ist.

Hosta in Blüte: Die blaugrüne Herzblattlilie ist eine exquisite Schönheit unter den Funkien.

Diese schönen Blattpflanzen können einen Garten ungemein bereichern. Denn Lückenbüßer sind sie nicht. Ich sah jetzt einen Hosta-Garten, der fast ein Schaugarten ist, und war ganz begeistert. Es ist das Blatt, das so ungemein reizvoll wirkt. Da sind zunächst die panaschierten Sorten zu nennen, die sicherlich viele Liebhaber finden. Die schöne «Undulata», außen grün, in der Mitte gelblich-weiß geädert, nannte ich schon. Oder die neuere Sorte «Great Expectation», die goldgelbe panaschierte «Aurea marginata». Sie sind eine Aufhellung für ein Beet.

Vor allem die Hosta mit den großen, dekorativen Blättern ist nicht zu übersehen. Und da sind es vor allem die in die Farbe Blau spielenden großen Blätter mit den duftenden lilienartigen Blüten, die zahlreich an großen Schäften stehen. Wie kaum bei einer anderen Pflanze haben wir es in der Hand, die Hosta in das Farbenspiel des Gartens einzubeziehen. Wer die Farbe Blau liebt, wird sich unbedingt einige blaue Sorten zulegen; sie sind sehr attraktiv. So die prächtige *Hosta sieboldiana* «Elegans», Hosta «Blue Diamond» oder die schöne Hosta «Tokudama». Die Farbe Blau ist allerdings gegen Sonne empfindlich, Sonne entzieht den Blättern die Farbe. Man muß sie in den Halbschatten setzen. Sehr gut zu Farnen, Gräsern, Ligularias und vor allem vor Rhododendron passen die grünen Hosta-Pflanzen. Es gibt viele Grünschattierungen wie «Black Hills», «Jade Scepter», Hosta «Green Acres», die alle, vor Gehölzpflanzungen gesetzt, schön anzuschauen sind. Auch grüne Sorten können ansehnliche Blütenstände haben, wie «Francis Williams» zeigt – Grün hat immer eine beruhigende Wirkung.

Die Stauden wachsen horstartig, mit dickem, kurzem, fleischigem rhizomartigem Wurzelstock. Die Blätter sind rosettenartig angeordnet. Die fleischigen Blattstiele stehen aufrecht oder neigen sich zur Seite. Sie wollen nährstoffreichen Boden, im Frühjahr eine Volldüngung und wenn möglich Kompost. Auch für Rindenmulch sind sie dankbar.

Die Floristik kommt ohne das schöne Blatt nicht aus. Man findet es fast in jedem Strauß als Abrundung. Vom großen blauen oder grünen Blatt bis hin zu den panaschierten verfehlen sie nicht ihre Wirkung. Auch in Kübel gepflanzt und auf Terrassen aufgestellt sieht die Hosta gut aus. Und in fast allen öffentlichen Gebäuden, Hotelhallen oder Banken sieht man sie als Grünschmuck.

Die Hosta im Herbst: Wenn sie nicht allzufrüh vom Frost überrascht wird, belohnt uns die Hosta im Herbst mit einem wunderbar warmen Honigton.

Aurikeln

Ich habe einmal einen Mann getroffen, der, wie ich wußte, ein bedeutender Züchter von Rhododendren im großen Stil war. Weil ich niemals auf größeren Flächen sauren Bodens gegärtnert hatte, scheute ich mich, ihn über sein Spezialgebiet zu befragen. Statt dessen sagte ich zu ihm: «Haben Sie die Aurikeln auf der Ausstellung letzte Woche gesehen? Waren sie nicht wunderschön?» Der berühmte Züchter ließ Messer und Gabel sinken und starrte über seinen Teller in die Ferne. «Des einen Brot», sagte er, «ist des anderen Tod.» Wenn man ob der üppigen Fülle von Rhododendren in Verzückung gerät, dann kann es gut sein, daß man nicht unbedingt zu den Bewunderern von Aurikeln zählt. Wer aber wie ich Rhododendren geradezu erdrückend findet, weil sie ihn eher an eine dicke, aufgedonnerte Fregatte erinnern, der mag die leuchtenden, schmucken Aurikeln, gleich einem Kind mit reinem Antlitz, in sein Gärtnerherz schließen.

Primula auricula ist eine Blume der Alpen, die schon den Römern bekannt war. Die gewöhnliche Art hat dotterfarbene Blütenblätter und ein weißes Auge mit goldener Pupille. Anders als ihre unauffällige Verwandte, die Primel, macht die Blüte mit ihrem offenen, lebhaften Gesicht einen derart gescheiten Eindruck, daß man den ganzen Tag mit ihr verbringen könnte. Die ersten europäischen Züchter waren so vernarrt in die Pflanzen, die sie aus diesen Alpenblumen gezogen hatten, daß sie in der Tat Tage in ihrer Gesellschaft zubrachten. Bei den Spitzenmachern und Seidenwebern im Norden Englands war es Tradition, Aurikeln zu sammeln und Pflanzen mit Blütenfarben zu züchten, die es in der Natur nie gegeben hatte, und man wachte über diese Nachkommenschaft mit derselben Sorgfalt wie andere über ihre Kinder. Aurikeln können eisigen Wintern trotzen, mögen aber keine Nässe; man stellte deshalb einen Schutz auf, der sie trocken hielt und beschattete, gerade so, als würden die leuchtend bunten Farben auswaschen oder ausbleichen, wenn sie den Elementen ausgesetzt würden. Die Weber im achtzehnten und neunzehnten Jahrhundert arbeiteten zu Hause, und zeitgenössischen Berichten zufolge verließen sie ihre Webstühle mehrmals am Tag, um ihre Pfleglinge umzustellen, wann immer Sonne oder Regen drohte.

Eine solche Hingabe kann ich nicht vorgeben, aber ein Teil der Anziehungskraft, die Aurikeln auf mich ausüben, ist auf diese Tradition der Schlichtheit zurückzuführen. Diese Blumen waren die innigen Begleiter von Leuten, die in schlichten und oftmals schwierigen Verhältnissen lebten. Jedesmal, wenn es bei Farben einen neuen Durchbruch gab, war das ein Grund zum Jubeln. Im sechzehnten bis neunzehnten Jahrhundert, auf dem Höhepunkt des Aurikelkults, gab es keine Sprays gegen Schädlinge und Krankheiten, denen häufig ganze Sammlungen zum Opfer fielen. In einem solchen Fall fing der Züchter wieder ganz von vorn an. Das mag auf der Skala der Heldentaten zwar nicht so hoch anzusiedeln sein wie die Geschichte von Ernest Wilson, jenem Pflanzensammler, der sich in einer Schlucht in Tibet ein Bein brach, als er

Ein «Aurikeltheater» an einem absonnigen Platz bringt die erlesenen Schönen am besten zur Geltung.

Königslilien für zukünftige Gärtner sammelte, aber es war ein stiller Heldenmut, und die persönlichen Mühen der Aurikelzüchter verdienen einigen Respekt.

Es ist immer noch mühevoll, die besten Aurikeln zu ziehen. Dickmaulrüßler, ein Übel des zwanzigsten Jahrhunderts, stellen eine dauernde Bedrohung dar. Mit biologischer Schädlingsbekämpfung kann man sie in Schach halten, aber die dazu eingesetzten Nützlinge brauchen, damit sie lange genug überleben und die Rüsselkäfer fressen können, eine gleichmäßige Temperatur und feuchten Boden, und das läßt sich nur schwer bewerkstelligen. Hält man die Blumenerde feucht, können die rübenartigen Wurzeln der Pflanzen faulen, oder es können Wurzelläuse auftreten, die als wollige Kragen um die kostbaren Pflanzen sichtbar werden. Wurzelläusen muß man mit Chemikalien den Garaus machen, und wenn Trauermücken dazukommen (ebenfalls bedingt durch die Feuchtigkeit), muß man noch mehr spritzen, und eben das vertragen die Nützlinge nicht. Ich habe immer ein Auge auf die V-förmigen Bißstellen in den Blättern, die auf die adulten Rüsselkäfer hindeuten, und im Zustand der permanenten Paranoia, die mit der Pflege der Sammlung einhergeht, habe ich schon oft grobe Sandkörner fälschlich für Fraßstellen von Dickmaulrüßlern gehalten. Das winterliche Wohlergehen sichert ein Schuppen mit Glasdach, mit sieben Gestellreihen und zugigen Fenstern, damit der Frost einzieht und die Pflanzen an ihre alpine Herkunft erinnert. Jeder einzelne Schatz lebt in seinem eigenen Tontopf von neun Zentimetern Durchmesser – alte Stücke aus dem Trödelladen oder handgefertigt vom Lieblingstöpfer. Nahezu einhundert Aurikeln über ihre Kinderkrankheiten zu bringen, ist eine nervenaufreibende Angelegenheit. Die Fenster oben über Kopf öffnen und schließen, sehr vorsichtig und nur ab und zu mit einer Teekanne so gießen, daß kein Wasser auf irgendein Blatt tropft, die Töpfe drehen, die toten Blätter entfernen (mit einer Pinzette, wenn es nach den Büchern geht) – und das Warten auf die Blüten läßt den Winter wie im Fluge vergehen.

In früheren Jahrhunderten wurden ganze Bücher über Blumenerde und Düngung verfaßt. Alle stimmen darin überein, daß eine gut durchlässige, grobsandige Lauberde enthaltende Mischung das beste ist und daß die Pflanzen unbedingt kalkhaltigen Boden brauchen. Sobald die Blüten anfangen, sich nach der Winterruhe zu regen, brauchen sie einen Anschub, wobei die Frage, was man im Frühjahr nehmen sollte, immer strittig war. So mancher frühe Züchter schwor auf den Inhalt des Nachttopfs, andere auf Schafdung, einige wenige auf kompostierte Kadaver, und ein Aurikelliebhaber hielt drei Gänse ausschließlich zu dem Zweck, seine Pflanzen zu düngen. Heutige Züchter verlassen sich auf Tonika in Flaschen, können sich aber nicht einigen, welches das beste ist. Gut ist alles, was reich an Phosphaten ist. Die Meinungen darüber, ob man im Sommer düngen soll, sind geteilt, weil es die Pflanzen dazu antreiben kann, im Herbst zu blühen, was überhaupt nicht anzustreben ist, denn es vermindert den Blütenreichtum im Frühjahr. Aurikeln, die sich wohl fühlen, bilden seitlich an ihren rübenförmigen Wurzeln neue Pflänzchen – manchmal bis zu sieben an einer einzigen Pflanze. Man muß sie alle abnehmen und eintopfen. Eine gute Zeit für diese Operation ist der August, weil man die Fraßstellen des Dickmaulrüßlers, so vorhanden, erkennen kann und weniger die Gefahr einer Herbstblüte

Grün, grau und zart bemehlt: Was würde man nicht alles tun, um solch eine kostbare Aurikel sein eigen zu nennen!

besteht. Nachdem die Pflänzchen angewachsen sind, folgt eine kurze Wachstumsphase, bevor sie in die Winterruhe gehen. Diese Zeit ist aber keine Ruhezeit für den Züchter. Wachsamkeit ist lebenswichtig. Bricht der Winter herein, bringt man die Pflänzchen von der Nordseite des Hauses, wo sie den ganzen Sommer über auf den hinteren Fensterbrettern zugebracht haben, in ihre eigenen belüfteten Quartiere.

Der ganze Wirbel gehört nun einmal dazu. Wenn man Aurikeln pflegt, ist das Beste für sie gerade gut genug. Es gibt Gesellschaften, in denen man Informationen darüber austauschen kann, wie man das Subjekt seiner Leidenschaft am besten hätschelt und verwöhnt. Saatgut und Kritiken erreichen englische Züchter von jenseits des Atlantiks, wo die Wachstumsbedingungen viel härter sind als hier. Thomas Jefferson schrieb, daß er Aurikeln zog, die aus London kamen, und heutige Sammler aus Oregon, Britisch-Kolumbien, Wisconsin und Virginia finden auch auf dieser Seite des Großen Teichs Beachtung. Die Verbundenheit der Liebhaber ist ein weiterer Grund, dieser Leidenschaft zu verfallen.

Ich schreibe dies im November, doch mein Herz sieht voller Erwartung dem April entgegen, wenn jeder der Töpfe auf den Gestellen einen geraden Stengel mit einem schmucken Blütengesicht trägt. Ich bin noch nicht lange dabei, deshalb hat meine Sammlung mehr Alpin- als Schau-Aurikeln (sie sind pflegeleichter). «Sirius», golden in der Mitte, mit einem äußeren Ring aprikosenbrauner Blütenblätter und einem inneren von Mahagoni, ist einer meiner Lieblinge. «Roweria» zeigt zwei Fliedertöne und eine cremefarbene Mitte, «Sandwood Bay» ist karminrot und golden, «Adrian» blau mit blaßgelber Mitte. Die einfarbigen Schau-Aurikeln oder Selfs sind im Vergleich zu den Alpin-Aurikeln eine Verbesserung. Sie zeigen einen reinweißen Ring in einem Glanz, der sie förmlich leuchten läßt. Die Blütenblätter kommen in Farben daher, wie man sie in den Festgewändern von Menschen in venezianischen Malereien findet. Reine leuchtende Rottöne wie etwa bei «Cherry» oder nahezu Schwarz wie bei «Neat and Tidy». Zahlreiche blühen gelb und golden (ich mag «Chaffinch» und «Chorister»). Wenn die Blätter am Rande gesägt sind, finde ich sie noch reizvoller. Am begehrtesten sind die Sorten mit grün und grau gerandeten Blüten. «Prag» sehen und sterben. Ich habe bis jetzt nur eine graue – «Lovebird» –, habe mir aber «Grey Hawk» und «Clare» vorgemerkt. Viele Fancy-Aurikeln sind grün gerandet: Ich mag «Rajah» und «Rolts». Auf die gefüllten Aurikeln kann ich verzichten, aber in England werden nach einhundert Jahren nun wieder gestreifte gezüchtet. Die möchte ich haben. Aurikeln machen einen gierig. Ich bin so manche Meile an heißen Sommernachmittagen herumgefahren, um einige vielversprechende Sorten zu ergattern, die ich noch nicht habe. Aurikeln sind Pflanzen zum Träumen und um sie verzückt zu betrachten. Die Tatsache, daß sie nur einen Monat im Frühling blühen, stört mich nicht im geringsten. Ich sehe die Verheißung in ihren zugespitzten Blattkegeln, und die Etiketten, silber auf schwarzem Grund, genügen, um mir ihre Gesichter heraufzubeschwören. Ein schwacher Duft von Primeln haftet mir im Gedächtnis. Mit diesen Pflanzen, die mit dem kleinsten Garten vorliebnehmen, würde ich mich liebend gerne bis an mein Lebensende beschäftigen.

Wofür auch immer man das Werkzeug braucht, es lohnt in jedem Falle, soliden Edelstahl zu wählen.

Peter Bichsel

Rosen

Der Verteidiger würde sie später dazu überredet haben, die Tat als spontan verübt darzustellen. Sie war sanft und klein und kam nicht auf den Gedanken Rattengift. So entschloß sie sich schon im Juli, ihm am 17. September, abends zwischen sechs und sieben, wenn er sich bückte über die Rosen, eine Schaufel über den Schädel zu ziehen – außer es würde regnen.

Es regnete nicht.

Aber als sie die Schaufel in ihren Händen hatte, fiel ihr ein, daß dies doch eigenartig klingen würde – die Schaufel über den Schädel ziehen – und daß man dies in unserer Gegend anders formulieren würde. So hatte sie kein Richter zu fragen, wie sie dazu gekommen war, ihm eine Schaufel über den Schädel zu ziehen.

Aber geplant war es schon.

Arbeit im Garten

«Im übrigen bin ich, nicht ungern, der Sklave meines Gartens, wo ich samt meiner Frau fast jede freie Minute arbeite. Es macht mich sehr müd und ist etwas zuviel, aber mitten in alledem, was die Menschen heut tun, fühlen, denken und schwatzen, ist es das Klügste und Wohltuendste, was man tun kann.»

Hermann Hesse

Hermann Hesse bei der Gartenarbeit.

Verantwortlich für ein Stückchen Erde

Wäre ich in meiner Einsamkeit geblieben, hätte ich nicht nochmals einen Lebenskameraden gefunden, so wäre es wohl nie dazu gekommen, daß ich das Camuzzihaus wieder verlassen hätte, obwohl es in vielen Beziehungen für einen alternden und nicht mehr gesunden Menschen unbequem war. Ich habe in diesem märchenhaften Haus auch bitter gefroren und allerlei andere Not gelitten. Darum war in den letzten Jahren je und je der Gedanke aufgetaucht, aber niemals recht ernst genommen worden: vielleicht doch noch einmal umzuziehen, ein Haus zu kaufen, zu mieten oder gar zu bauen, wo ich fürs Alter eine bequemere und gesundere Unterkunft hätte. Es waren Wünsche und Gedanken, nichts weiter.

Da ereignete sich das schöne Märchen: In der «Arch» in Zürich saßen wir an einem Frühlingsabend des Jahres 1930 und plauderten, und die Rede kam auf Häuser und Bauen, und auch meine gelegentlich auftauchenden Hauswünsche wurden erwähnt. Da lachte plötzlich Freund B. mich an und rief: «Das Haus sollen Sie haben!»

Auch dies war, so schien mir, ein Spaß, ein hübscher Spaß am Abend beim Wein. Aber der Spaß ist Ernst geworden, und das Haus, von dem wir damals spielerisch träumten, steht jetzt da, unheimlich groß und schön und soll mir für Lebenszeit zur Verfügung stehen. Wieder einmal unternehme ich es, mich neu einzurichten, und wieder geschieht es fürs «ganze Leben», und diesmal wird das vermutlich stimmen.

Irgendwo heimisch zu sein, ein Stückchen Land zu lieben und zu bebauen, nicht bloß zu betrachten und zu malen, teilzuhaben am bescheidenen Glück der Bauern und Hirten, am vergilischen, in zweitausend Jahren unveränderten Rhythmus des ländlichen Kalenders, das schien mir ein schönes, zu beneidendes Los, obwohl ich selbst es einstmals gekostet und erfahren hatte, daß es nicht genüge, um mich glücklich zu machen.

Und siehe, dies holde Los war mir jetzt noch einmal zugedacht, es war mir in den Schoß gefallen, wie ein reife Kastanie dem Wanderer auf den Hut fällt, er braucht sie nur zu öffnen und zu essen. Ich war, wider alles Erwarten, noch einmal seßhaft geworden und besaß, nicht als Eigentum, aber doch als lebenslänglicher Pächter, ein Stück Land! Eben erst hatten wir unser Haus darauf gebaut und waren eingezogen, und jetzt begann für mich, aus vielen Erinnerungen her vertraut, noch einmal ein Stückchen bäuerlichen Lebens. Ich hatte es damit nicht mehr leidenschaftlich und heftig im Sinn, ich würde es mehr läßlich betreiben, mehr die Muße suchen als die Arbeit, mehr am blauen Herbstfeuer-Rauche träumen als Wälder roden und Pflanzungen anlegen. Immerhin, ich hatte eine schöne Weißdornhecke gepflanzt und Sträucher und Bäume und viele Blumen, und jetzt brachte ich diese

Spätsommer- und Herbsttage, die unvergleichlichen, beinahe ganz im Gras und Garten hin, mit kleinen Arbeiten, mit dem Schneiden der jungen Hecke, dem Vorbereiten eines Gemüsegartens für den Frühling, dem Säubern der Wege, dem Reinigen der Quelle – und bei allen diesen kleinen Arbeiten hatte ich ein Feuer auf der Erde brennen, ein Feuer aus Unkraut, aus dürrem Gezweig und Dörnicht, aus grünen oder braunwelken Kastanienschalen.

Zuweilen im Leben, mag es im übrigen sein, wie es wolle, trifft doch etwas wie Glück ein, etwas wie Erfüllung und Sättigung. Gut vielleicht, daß es nie lange währen darf. Für den Augenblick schmeckt es wundervoll, das Gefühl der Seßhaftigkeit, des Heimathabens, das Gefühl der Freundschaft mit Blumen, Bäumen, Erde, Quelle, das Gefühl der Verantwortlichkeit für ein Stückchen Erde, für fünfzig Bäume, für ein paar Beete Blumen, für Feigen und Pfirsiche.

Jeden Morgen lese ich vor dem Atelierfenster ein paar Hände voll Feigen auf und esse davon, dann hole ich Strohhut, Gartenkorb, Hacke, Rechen, Heckenschere und begebe mich ins herbstliche Gelände. Ich stehe an der Hecke, befreie sie aus dem meterhohen Unkraut, das sie bedrängt, häufe in großen Haufen die Winden und den Knöterich, den Schachtelhalm und den Wegerich, entzünde ein Feuerchen am Boden, nähre es mit etwas Holz, decke es mit etwas Grünem, daß es langsam schmore, sehe den blauen Rauch sanft und stetig wie eine Quelle fluten und zwischen den goldenen Maulbeerkronen hinüber ins Blau des Sees, der Berge und des Himmels schwimmen. Es kommt allerlei nachbarliches, vertrauliches Geräusch zu mir von meinen Mitbauern, es stehen am Wasser meiner Quelle zwei alte Weiber und waschen Wäsche, und schwatzen, und beteuern ihre Erzählungen mit schönen Redewendungen, mit «magari» und «santo cielo!». Es kommt vom Tal herauf ein hübscher barfüßiger Knabe, das ist Tullio, Alfredos Sohn, ich erinnere mich an das Jahr seiner Geburt, ich war damals schon Montagnolese, jetzt ist er elf Jahre alt. Sein violettes zerwaschenes Hemdchen steht schön vor der Seebläue, er bringt vier graue Kühe mit zur Herbstweide, mit rosigen und flaumigen Mäulern atmen sie prüfend den Streifen Feuerrauch, der ihre Nasen erreicht hat, reiben die Köpfe aneinander oder an den Maulbeerstämmen, traben zwanzig Schritt weiter, bleiben vor einer Rebenzeile stehen, werden vom kleinen Hirten ermahnt, wenn sie an den Reben zerren, und läuten im Hinschreiten stetig mit den kleinen Halsglocken. Ich rupfe den Knöterich aus, es tut mir leid um ihn, aber meine Hecke ist mir lieber, und am feuchten Boden tritt allerlei Pflanzentum und Tierleben unter meinen säubernden Händen zutage: eine lichtbraune, schöne Kröte, sie weicht ein wenig vor meiner Hand zur Seite, bläht den Hals und schaut mich an, die Augen sind Edelsteine. Heuschrecken fliegen auf, aschgraue Tiere, die im Fliegen blaue und ziegelrote Flügel entfalten. Erdbeersträucher wachsen mit winzigen, sorgfältig gezahnten Blättern, und eine davon trägt eine winzige weiße Blüte mit gelbem Stern. Tullio schaut seinen Kühen zu. Er ist ein Knabe von elf Jahren, und keine Schlafmütze, aber auch er schon in seinem drangvollen Knabenfrühling spürt die Luft der Jahreszeit, spürt die Sattheit nach dem Sommer, die Trägheit nach der Ernte, das träumerische Ruhebedürfnis, dem Winter entgegen. Er schlendert still und träge, bleibt oft viertelstundenlang regungslos, schaut aus den klugen braunen Augen in das blaue Land, zu den fernen weißleuchtenden Dörfern an den violetten Berghängen, nagt manchmal eine Weile an einer rohen Kastanie und wirft sie wieder weg. Endlich legt er sich nieder ins kurze Gras, zieht eine Weidenflöte heraus, fängt leise zu blasen an und probiert, was für Melodien sich auf ihr spielen lassen: sie hat nur zwei Töne. Die zwei Töne genügen zu vielen Melodien, sie genügen, mit ihrem Ton von Holz und Rinde, um die blaue Landschaft, den feurigen Herbst, den schläfrig ziehenden Rauch, die fernen Dörfer und den matt spiegelnden See zu besingen, und die Kühe und die Weiber am Brunnen, samt den braunen Schmetterlingen und den roten Steinnelken. Auf und ab geht seine Urmelodie, so hat sie schon Vergil gehört und auch schon Homer. Sie dankt den Göttern, sie preist das Land, den herben Apfel, die süße Traube, die kernige Kastanie, sie lobt dankbar das Blau, das Rot und das Gold, die Heiterkeit des Seetales, die Ruhe der fernen hohen Gebirge, und beschreibt und preist ein Leben, von dem die Städter nichts wissen und das weder so roh noch so lieblich ist, wie sie es sich denken, ein Leben, das nicht geistig und nicht heroisch ist und das doch jeden geistigen und jeden heroischen Menschen im Tiefsten anzieht wie eine verlorene Heimat, denn es ist das Leben der ältesten und langlebigsten Menschengattung, der einfachsten und der frömmsten, das Leben des Landbebauers, ein Leben voll Fleiß und Mühe, aber ohne Hast und ohne eigentliche Sorge, denn sein Grund ist Frömmigkeit, ist Vertrauen zu den Gottheiten der Erde, des Wassers, der Luft, zu den Jahreszeiten, zu den Kräften der Pflanzen und der Tiere. Ich höre dem Liede zu und decke eine Schicht Laub auf mein herabgebranntes Feuer, und möchte ohne Ende so stehen, so wunschlos und ruhig, und über die goldenen Maulbeerkronen hinweg in die farbenerfüllte, reiche Landschaft blicken, die so beruhigt und so ewig scheint, obwohl sie noch vor kurzem von den glühenden Strömen des Sommers durchwühlt war und bald von den Schneefällen und Stürmen des Winters heimgesucht wird.

Ein Tagpfauenauge.

Erika Burkart

Gartenarbeit

Unter eingewachsenen Steinen hervor
Wurzeln ziehn
von Fingerkräutern und Nesseln.
Extraktionen. Der Rückenschmerz.
Da war doch etwas? Ich richte mich auf,
ein Flügelschatten, ein Pfeil
aus heiterem Himmel?

Laubschauer. Blicke.
Es beugt sich herein –
Atemstille vor dem Gewitter,
die tote Mutter latente Kraft,
der Verschollne tut, als hätte er nie
das Gesicht verloren. Im Messer
der erste Blitz, und ich weiß
einen Augenblick nicht,
ob und wo ich jetzt bin.

So stellen sie's an, jene
von jenseits der Brücke. Im Garten
geben sie sich zu erkennen.
Das nennen wir dann
Präsenz der Elfen,

Oberons Zauber
im Mittagsgesicht.

Der Besuch des Tagpfauenauges ist der Lohn für das Dulden der Brennessel. Für den Kleingärtner verlangt dies allerdings einige Wachsamkeit, denn die Brennesseln überwuchern ihm in kürzester Zeit sein kleines Stückchen Erde.

Jürgen Dahl

Erster Gang durch den Garten

Das Schicksal – oder wer sonst in diesen Dingen das Sagen hat – fügte es, daß ich wieder einen Garten zurücklassen und wieder einen neuen beginnen mußte (oder durfte, ich weiß noch nicht, wie das Schicksal es gemeint hat). Der Gärtner schlägt seine Wurzeln besonders tief und fühlt sich folglich noch stärker verletzt als andere, wenn er, warum auch immer, das Feld räumt. Das Versprechen des Neuen klingt ihm leiser, vernehmlich hingegen der klagende, lockende, vorwurfsvolle Ruf des verlassenen Gartens. Manches darin wird ohne seine Zuwendung nicht lange mehr weiterleben, anderes macht sich selbständig, setzt sich durch und prägt als Baum oder Strauch das geräumte Feld; vielleicht überdauert auch nur eine Osterluzei und kriecht unverdrossen weiter, oder die Minze aus Nepal, nur demjenigen als ein Relikt aus dem Vorleben des Gartens kenntlich, dem dieses Vorleben vertraut gewesen ist.

Am besten ist es wohl, den Garten, den man gehabt hat, nach einer gehörigen Zeit der Trauer (von «Trauer*arbeit*» sprechen die Psychologen, und mit Recht) wegzulegen und sich ganz dem Neuen zu widmen, damit etwas daraus wird. Zweierlei erscheint mir dabei – um nun schnell zum Handfesten überzugehen – besonders wichtig: die Luft im Boden und die Erschaffung von Raum und Räumen.

«Luft im Boden» bedeutet in unserer Gegend: daß die schwere, lehmig-tonige Erde der alten Flußniederung verschwenderisch mit scharfem Sand «gemagert» wird und wenigstens in einer oberen Schicht so weit durchlüftet, daß die Rotteprozesse der Mulchlagen leicht vonstatten gehen können und die ersten Neupflanzungen gut anwurzeln. Durchlüftung und Wasserführung sind, vor allem am Anfang, wichtiger als Nährstoffzufuhr, die sich sehr bald ohne unser Zutun vollzieht: durch welke Blätter, durch Schneckenkot und durch die Tätigkeit der Regenwürmer und Asseln.

Um so unsinniger ist der alte und immer noch nicht ganz ausgestorbene Brauch, einen neuen Garten zuerst einmal mit Unmengen von Torf zu versorgen: Wenn der zu naß ist, ersticken die Wurzeln darin, wenn er austrocknet, verdursten sie, und im übrigen erzeugt der Torf eine für die meisten Pflanzen ganz unzuträgliche Säuernis. Also Sand zum Durchatmen, als lockeres Saatbett für die einjährigen Pioniere und als freundlicher Empfang für die ersten Ableger und -sämlinge. Vier Wagenladungen Sand waren die erste Investition im neuen Garten am Lindenhof.

Sodann: der Raum und die Räume. Je eher man damit beginnt, um so besser, denn Räume wachsen erst in Jahren, und jedes halbe Jahr Vorsprung ist wertvoll. Vor zwanzig Jahren galt es als fortschrittlich, zwischen den schmalen Gärten von Reihenhäusern keine Zäune zu ziehen, sondern die obligatorischen Rasenflächen ineinander übergehen zu lassen; man fand es spießig und unsozial, die Gartenräume voneinander zu trennen – als wäre nicht die Möglichkeit zum Rückzug in die Abgeschiedenheit zugleich die sicherste Gewähr für ein erfreuliches Sozialleben. Hinzu kam noch ein merkwürdiger Irrtum in bezug auf Raum und Proportionalität: Man glaubte nämlich, die Gärten würden durch Hecken und Pergolen unerträglich verengt. Das Gegenteil ist der Fall: Eine offene Wiese von siebzig Quadratmetern wirkt klein, ein grünes Zimmer gleicher Größe trotz der Wände geräumig.

Es geht nicht nur darum, daß einem der Nachbar nicht in die Nachmittagskaffeetasse kucken kann. Wichtiger noch ist der Windschutz, den die grüne Wand gibt, auch der Schatten, den sie bietet. In den abgesonderten Bereichen entsteht dann etwas, was man «Kleinklima» nennt, aber dieser Begriff ist viel zu eng, weil er die besondere Stimmung, die eigentümlichen Düfte und Geräusche solcher Winkel und Ecken nicht mit umfaßt.

Im neuen Garten habe ich angefangen mit einer Art von Heckenwäldchen. Zur Straße hin gab es zwar schon eine Weißdornhecke, doch schien sie mir als Sicht-, Staub- und Lärmschutz nicht ausreichend, obwohl die kleine Straße nicht sehr befahren ist. Also opferte ich innerhalb der Hecke, die von nun an frei wachsen darf, einen Streifen von vier Metern Tiefe, auf dem Freund Günter, der Gehölzkundige, viele einheimische und zwei fremdländische Arten in wohlbedachter Mischung versammelte, vierzig Pflanzen auf sechzig Quadratmetern: Pfaffenhütchen, Hasel, Vogelbeere, Ahorn, Hainbuche, Felsenbirne, Kornelkirsche, Taxus, Ilex und Liguster – und dazu den Götterbaum (*Ailanthus*) aus China, dessen Triebspitzen man im Frühjahr wie Spargel zubereiten kann, sowie den Tausendblütenstrauch (*Evodia*) mit wohlriechenden weißen Blüten und rötlichen Früchten, gleichfalls ein Chinese.

Ungeduld muß bei Gehölzen bar bezahlt werden: Das Heckenwäldchen aus älteren Pflanzen hat tausend Mark gekostet; es wäre auch für einen Bruchteil zu haben gewesen, aber dann hätte ich viele Jahre warten müssen, bis es seine Schutzfunktion an der Straßenseite erfüllt.

Anderswo im Garten werden mit solchen Pflanzungen Räume gebildet werden, Lebens-Räume und Refugien für Menschen und Pflanzen und Tiere. Die besten Plädoyers für solche Raumbildung im Garten fand ich in Roland Rainers Buch «Gärten. Lebensräume, Sinnbilder, Kunstwerke», einer schier unerschöpflichen Quelle verborgener Anregungen. Und die Erinnerung an die Spaziergänge mit dem Vater durch das längst von einem Autobahnkreuz verschlungene «Biefangsbüschchen» wurde neu geweckt durch eine kleine Broschüre der Gärtner-Brüder Alfons und Aloys Meyer aus Märschendorf: «Gebüschheckengarten» heißt da das Leitwort.

Der Begriff ist faszinierend, traumträchtig. Freilich sollte man nicht vorgeben, ein solcher Garten sei ein «Naturgarten». Denn wenn man auf kleinem Raum besonders viele verschiedene Gehölze zusammenpflanzt und durch regelmäßigen durchgreifenden Schnitt dafür sorgen muß, daß dieses «grüne Nest» (Meyer) überhaupt bewohnbar bleibt, dann wird man die Künstlichkeit dieses Gartenkonzeptes schon an den Unmengen von Schnittgut ermessen können, die Jahr für Jahr fortgeschafft werden müssen. Nur wer vorher weiß, wohin mit so viel «Biomasse», wird einen Versuch in der Richtung des Gebüschheckengartens unternehmen dürfen; er sollte auch nicht vergessen, daß der Gehölzschnitt, je nach der Menge, eine schweißtreibende Sache werden kann. Die Hoffnung, ein solcher Garten mache, einmal angelegt, nur wenig Arbeit, ist eitel, und das Versprechen, man könne rund um die Gebüsche die Fülle der Waldsaumpflanzen ansiedeln, ist nur dann einlösbar, wenn man unentwegt schneidet und schneidet, um die Säume frei und licht zu erhalten. Drei Wochen Urlaub zur falschen Zeit – und die Pracht ist dahin.

Bedenken also, Bedenken auch gegen manche der von den Brüdern Meyer empfohlenen Gehölze: Es sollte sich zum Beispiel niemand einfallen lassen, die Schneebeere (*Symphoricarpos*) in den Garten zu holen – er wird nach zwei oder drei Jahren um ihre Vertreibung zu kämpfen beginnen und wahrscheinlich ein Leben lang damit zu tun haben.

Aber jenseits aller Einwände sollte man mit dem Begriff «Gebüschheckengarten» weiterspielen, Kinderträume von Buschverstecken heraufholen, grüne Wände um sich herum wenigstens denken – und dann vielleicht tatsächlich die eine oder andere davon aufrichten, wachsen lassen und staunend zusehen, wie sie den Garten verändert, gliedert, bereichert – und *vergrößert*, jedenfalls für das Empfinden dessen, der in seinem Garten wohnen will und nicht darauf aus ist, eine Miniatur-Landschaft zu haben, die, vom Wohnzimmerfenster aus gesehen, die Illusion von Lüneburger Heide plus Allgäu plus Schwarzwald erwecken soll.

Als wir den Lindenhof im November bezogen, waren nur noch Andeutungen gärtnerischen Bemühens zu erkennen: ein heckengeschütztes Geviert, das sich als einstiger Gemüsegarten erahnen ließ; im Schatten der beiden alten Linden eine kümmernde Rosenrabatte; irgendwo verloren herumstehend die von Giersch durchwachsenen Reste eines Päonien-Beetes und lückige Überbleibsel einer gräßlich gestutzten Buchsbaumhecke; hinter dem windschiefen Schuppen ein vergreister Obstbongert, um den sich seit vielen Jahren niemand mehr gekümmert hat. Und alles, aber auch alles durchtränkt mit Gülle, die an manchen Stellen in großen (absonderlich schönen!) schwarzgrünen Pfützen stand.

Ließe man hier, nach den Garten-Prinzipien des holländischen Ökologen Le Roy, einfach wachsen, was wächst, so wäre wohl bald außer Brennesseln nichts mehr zu sehen – und das auf Jahre hinaus, denn der Stickstoff würde ihnen bei so viel Gülle so schnell nicht ausgehen.

Was die Brennesseln (und viele andere stickstoffliebende Pflanzen, natürlich auch die eßbaren) von dem angebotenen Stickstoff nicht gleich verwerten können, das wandeln sie in die mit recht berüchtigten Nitrate um und deponieren es als Vorrat in ihren Blättern. Daran mußte ich wieder denken, als ich kürzlich in einem Bericht über einen schönen «Bio-Garten» las, es sei ein prominenter Bio-Gärtner zu Besuch gekommen, habe das Publikum durch fortgesetztes Kauen frischer Brennesselblätter in ehrfürchtiges Staunen versetzt und dazu nur leichthin bemerkt, dies sei sein Frühstück, und es sei der Intelligenz sehr förderlich.

Der Mann hat da eine ganz ordentliche Nitrat-Portion zu sich genommen, und wer die Brennessel derart als Wildgemüse rühmt, muß sich dann jedenfalls darüber klar sein, daß er die hohen Nitratwerte des Trinkwassers nicht mehr ernstlich beklagen darf: Er müßte wohl fünf oder sechs Liter belasteten Wassers trinken, um sich soviel Nitrat einzuverleiben, wie in einer Handvoll Brennesselblätter steckt. Ob die jungen Blätter bekömmlicher sind, bliebe erst noch nachzuprüfen.

Übrigens sind die *ganz* jungen Brennesselblätter nicht grün. Wer Brennesseln im Frühjahr aufmerksam betrachtet, wird sehen, daß die Pflanzen den Eindruck machen, als bereite sich im Gipfel des Sprosses, wo noch rote Farbtöne vorherrschen, eine Blüte auf ihr Erscheinen vor. Oft hat das noch nicht Entfaltete etwas besonders Festliches, wie ein feierliches Versprechen, eine leuchtende Verheißung.

Brennesseln also sind wirklich «mit Vorsicht zu genießen». Das gilt, aus anderem Grund, auch für das Gemeine Kreuzkraut (*Senecio vulgaris*), das an einigen frisch umbrochenen Stellen meines Güllelandes üppig gedeiht – und zwar schon seit dem vorigen Herbst bis tief in den Winter hinein. Zum Neujahrstag holten wir einen dicken Strauß ins Zimmer, mit tausend gelben Blüten, die durch ihre Vielzahl wettmachen, was ihnen wegen der fehlenden Zungenblüten an Blumenschönheit mangelt. Wäre das Gemeine Kreuzkraut ein mediterraner Fremdling, dann würde man es vielleicht als zuverlässigen Dauer- und Winterblüher im Balkonkasten hegen.

Tatsächlich ist es einmal ein mediterraner Fremdling gewesen, doch ist das lange, lange her, und seitdem hat es sich als «Kulturfolger» mit dem Ackerbau fast über die ganze Erde ausgebreitet: Die Samen fliegen leicht und weit an ihren Schirmchen und haben dazu noch Härchen, aus denen bei Feuchtigkeit ein klebriger Schleim austritt; dieser begünstigt sowohl die Verschleppung durch «Klebhaftung» wie auch die Verankerung im Boden.

Zäh und beharrlich ist das Gemeine Kreuzkraut auch darin, daß es bei kargen Lebensumständen immer noch «Hungerformen» zu bilden vermag, die oft nur eine einzige trotzige Blüte tragen; und im Gebirge, wo der Same nicht ausreift, entschließt das Kreuzkraut sich kurzerhand, vom einjährigen Kraut zur ausdauernden Staude zu werden.

Aber den plattdeutschen Namen «Dickkopp» hat das Gemeine Kreuzkraut wohl nicht wegen dieser Hartnäckigkeit, sondern eher deshalb, weil es früher als zuverlässiges Mittel bei Schwellungen aller Art galt. Ein Tee aus Kreuzkrautblättern sollte außerdem abführend, harntreibend und gegen Würmer wirken. Inzwischen hat man herausgefunden, daß alle *Senecio*-Arten Pyrrolizidinalkaloide enthalten, und diese sind genauso giftig, wie ihr Name klingt: Sie schädigen die Leber, sind krebserregend und haben in tropischen Gebieten, wo manche Kreuzkraut-Arten als Tee getrunken werden, schon Massenvergiftungen verursacht.

Den Pyrrolizidinalkaloiden bin ich in besonderem Groll verbunden, denn sie sind auch im Beinwell enthalten, und Beinwellblätter wären doch, wenn sie eben keine Pyrrolizidinalkaloide enthielten, ein schätzenswertes Gemüse: Erstens sind sie (besonders als Pfannkuchenfüllung) ausnehmend schmackhaft, und zweitens kann man sie unaufhörlich ernten, ohne etwas anderes zu tun als abzuwarten, bis die heruntergeschnittenen Pflanzen wieder durchgetrieben haben, was nur ein paar Tage dauert. Manchmal gönne ich mir das ungesunde Vergnügen, aber es bleibt ein

Jammer, daß wir eine so bereitwillig gewährende Pflanze nicht essen dürfen und uns nur ersatzweise das Wort Pyrrolizidinalkaloide auf der Zunge zergehen lassen können.

Was aber nun mein Gülleland angeht, so ist, wie immer, aller Anfang schwer. Nicht nur wegen Gülle, Brennesseln und Kreuzkraut, sondern vor allem wegen der grundsätzlichen Entscheidung: Sollen wir (für sechstausend Quadratmeter) eine Gesamtplanung machen, mit allen Wegen und Wiesen und Wassern und Wäldchen, die dann im Laufe der Jahre langsam «nach Plan» entstehen? Oder sollen wir zunächst nur ein paar Akzente setzen, mit Gehölzen und Hecken, und alles Weitere der Zukunft überlassen – der Erkundung tageszeitlicher und jahreszeitlicher Besonderheiten der Gartengegenden, den wachsenden Gewohnheiten im Abschreiten des Geländes, auch den Zufällen einer schrittweisen Aneignung?

Manches spricht gegen die Planung «aus einem Guß». Daß ein Garten nie fertig wird, ist eine Binsenweisheit. Also braucht man ihn auch im Kopf nicht fertig zu haben, sondern kann ihn Stück für Stück erschaffen, und bis dahin darf auf vielen Stücken geschehen, was eben geschieht, wenn man sie sich selbst überläßt. Und es kann noch geträumt werden von einem kleinen ägyptischen Garten, vom großen Ackerwildkräuterstück, von den Waldsaumpflanzen an der Wallhecke (für die der Wall noch nicht aufgeworfen ist), vom Klostergärtchen, vom Rosarium mit uralten Sorten und von hundert anderen Themen und Schauspielen, die gar nicht alle im Garten unterzubringen sind, bei einer als endgültig gedachten Gesamtplanung also gleich zu Anfang aufs Erreichbare gestutzt werden müßten.

Dann aber kommt der Abend, da man in schönen Gartenbüchern herumwandert – und man sieht Treppenwege mit Kieselpflaster, überwachsene Gänge, Wohnsiedlergärten der zwanziger Jahre, islamische und chinesische Gärten und den großen Plan von Muskau; dann träumt man gleich wieder von den großen Gesten und den umfassenden Entwürfen. Schließlich bleibt dieser Kampf der Prinzipien so unerledigt, wie der Garten unfertig bleibt – und es gilt erst einmal, für die beiden Gänse ein angemessenes Revier zu finden: Groß genug muß es sein (etwa dreihundert Quadratmeter!), damit es ihrer vernichtenden Gefräßigkeit standhält, in Eingangsnähe soll es liegen, damit Marlene und Adele ihr Wächteramt ausüben können, und außerdem soll es vom Fenster her einsehbar sein und möglichst einen dunklen Hintergrund haben, von dem sich die schönen Linien der Gänsekörper gut abheben, als ein unablässig gleitendes Spiel der sanften Kurven.

Alfred Kolleritsch

Erinnerung

Durch den der Gärtner ging
mit klingender Kanne,
den Garten,
ich kannte ein Schloß
dazu, aus fernen Ländern
Bäume und Blumen,

und alte Gestalten, Fremder,
sie erschufen das Abseits,
nie waren sie dort,
wo die Mitte war, mir.

Und eine Kutsche
mit faulendem Samt, die Kronen
wuchsen golden heraus.
Quer schlugen mitunter
die Strahlen der Sonne
die Welt herein,
das Vergangene.

Fortzugießen für nichts?
blühen für nichts?
für den Anspruch: warum?

Warum tanzten die Räder nicht?
warum hieben sie nicht
die Straße nach Süden?

Ein Garten, zu dem die Vorstellung spielend ein Schloß erschafft.

Peaonia mlokosewitschii erfordert einige Geduld: Aber wer sie einmal gesehen hat, mit ihrem leicht bronzefarbenen Austrieb und den perfekten gelben Kelchen, wird gerne ein paar Jahre auf ihren großen Auftritt warten.

Lieber Freund und Gärtner

Samstag, 7. September
Lieber Christo,

gerade eben bin ich durch den Pflanzschuppen gegangen, wo ich Deine großzügige Sendung Saatgut von *Paeonia mlokosewitschii* auf dem Tisch von David gefunden habe. Vielen Dank!

Wir werden die Samen gleich Montag aussäen, sei unbesorgt. Je eher man sie aussät – solange die wundervoll perlschwarze Schale noch weich ist –, desto größer ist die Chance, daß sie schon im kommenden Frühling auflaufen. Ist die Samenschale erst steinhart geworden, keimen die Samen meistens erst im nächsten Frühling, 18 Monate nach der Reife. Wenn man es bloß mit ein paar Samen zu tun hat, kann man ja die Samenschale etwas anfeilen, damit Feuchtigkeit eindringen kann. Nach dem Keimen brauchen wir vier oder fünf Jahre, um verkaufsfähige Pflanzen heranzuziehen, die dann voraussichtlich binnen ein oder zwei Jahren blühen.

Man muß es den Gärtnern, die ausschließlich blühfähige Pflanzen beziehen, nachsehen, daß sie meinen, solche Pflanzen seien kostspielig (auch Dreiblatt, Christrosen und manche Feuerkolben zählen hierzu). Manchmal sage ich, man kann ein Kind bekommen, es in schlaflosen Nächten aufziehen und sich mit den Wutanfällen von Zweijährigen und allem anderen herumplagen, bis man es mit fünf Jahren zur Schule schickt. Pflanzen drängen sich weniger auf, aber einige brauchen mehrere Jahre ebensolche regelmäßige Pflege, bevor man sie fortgeben kann.

Auf dem Tisch neben mir ist etwas, von dem ich vermute, daß wir lange dazu brauchen werden, um daraus einen nutzbaren Bestand aufzubauen. Ich habe eine einzige Zwiebel von Gordon Collier bekommen, diesem begeisterten Pflanzenkenner aus Titoki Point, der sich um uns gekümmert hat, als wir in Neuseeland zusammen einige Vorträge gehalten haben. Es handelt sich um die gefüllte Sorte von *Galtonia candicans*, wirklich außergewöhnlich schön. Kennst Du sie? An und für sich halte ich gefüllte Sorten nicht für eine Bereicherung, aber in diesem Fall bin ich ganz betört. Stell Dir vor, ein hoher, kräftiger Stengel mit über 20 Blüten, jede davon wie eine vollkommene Rose, mit unzähligen Lagen weißer Blütenblätter, die einen Hauch von Grün umschließen. Dieses Jahr hatten wir zwei Blütenstände. Einen davon habe ich für Andrew abgeschnitten und in einen Essigkrug aus grünem Glas gesteckt (der zu dem hohen blattlosen Stengel paßt, weil er einer großen Zwiebel ähnelt), zusammen mit einigen jungen Blättern einer *Yucca flaccida* – ich konnte unmöglich die Blätter der *Galtonia* nehmen und damit die Zwiebel schwächen, die wir zur Vermehrung brauchen.

Für ein anderes einfaches Arrangement habe ich die exotischen Blüten der neuen *Alstroemeria*-«Prinzeß»-Hybriden verwendet. Ich selbst kenne mich mit ihnen nicht gut aus, aber sie gefallen mir in einer Weinkaraffe, in der sich ihre eleganten Blütenstiele ganz ohne andere Blumen gut machen. Es scheint, daß diese Züchtungen von *Alstroemeria* im Gegensatz zu den bekannten «Ligtu»-Hybriden eine Bereicherung im Blumenhandel sind. In Gärtnereien werden sie in großem Stil unter Glas angezogen, wo sie fast das ganze Jahr über blühen. Meine blühen cremefarben, rosa und in einem ungewöhnlichen Gelbbraun-Blaßrot, mit kastanienbrauner Zeichnung auf den inneren Blütenblättern, jede einzelne zart und schön wie ein mit feinem Strich gemaltes Bild.

Es wäre schade, finde ich, wenn man aus Gewohnheit solcher exotischer Formen und Farben überdrüssig würde. Allerdings kann ich mir vorstellen, daß dies bei Blumen, die unter kontrollierten Bedingungen außerhalb der Saison gezogen werden, ebenso geschehen könnte wie bei Zuckermais und Grünen Bohnen, die es das ganze Jahr über im Supermarkt gibt. Wir haben dieses Jahr einige von diesen *Alstroemeria* versuchsweise im Gravel Garden ausgepflanzt, um zu sehen, ob sie sowohl die Sommertrockenheit als auch die Winterkälte überstehen. Bis jetzt waren wir von ihrer Wuchsfreude überrascht, und sie haben mehrmals geblüht. Allerdings waren die Blütenstiele kürzer als bei den Pflanzen, die wir sicherheitshalber in Töpfen ziehen und die mir lange Stiele für die Vase liefern.

Wem ein weiterer trockener Sommer im Gravel Garden nichts ausgemacht hat, ist *Atriplex halimus*. Diese Woche habe ich ein Stück davon Andrew in sein kleines Refugium hochgebracht, wo er jetzt an Notizen arbeitet, die er sich vor ungefähr 40 Jahren während eines Winterurlaubs in Marokko gemacht hatte. Er benutzt dabei auch ein Buch aus dem Jahre 1939, *Marokko und Westalgerien*, von Rubel und Ludi, wobei er gezwungen ist, deutsche und französische Botaniker zu übersetzen. Ein Foto der Wüstenverhältnisse «*les plus arides*» zeigt eine Fläche, die dicht mit diesem Strauch besiedelt ist. Was für ein Zufall, daß wir gerade jetzt darauf stoßen, wo doch diese Pflanze den Sommer über so oft bewundert wurde wegen des kräftigen, glänzenden Aussehens und der langen Triebe, die von intensiv silbrigen, schildförmigen Blättern bedeckt sind. Die Blüten, die sich jetzt öffnen, sind unscheinbar. Andrew hat mich daran erinnert (und ich weiß es noch aus früheren langen Wintern), daß der Strauch grimmiger Kälte nicht standhält. Weil unsere Pflanzen nährstoffarm und abgehärtet in durchlässigem Schotter stehen, hat ihnen die Kälte im letzten Winter mit ungefähr -6° C nicht geschadet, aber für alle Fälle überwintern wir immer ein paar junge Ersatzpflanzen.

Bei unseren Artischockenjungpflanzen habe ich einen bösen Fehler begangen. Sie wurden Ende März von den alten Mutterpflanzen abgetrennt und kamen in tiefe Kästen, wo sie an geschützter Stelle neue Wurzeln bildeten – nämlich auf dem Boden des Vermehrungshauses. Nach einigen Wochen habe ich gesehen, wie gut sie gewachsen und wie viele neue Blätter ausgetrieben waren, also habe ich Eddie gebeten, sie für mich in Reihen auszupflanzen. Ein, zwei Tage später habe ich nachgeschaut und war entsetzt, sehen zu müssen, daß sie platt wie tote, einen Tag alte Küken dalagen. Eine

Über Himbeeren im Garten freut sich nicht nur der Mensch.

Katastrophe! Ich hätte daran denken müssen nachzusehen, wie gut sie eingewurzelt waren, und auf jeden Fall Eddie anweisen müssen, sie nach dem Pflanzen mit Folie abzudecken. Der arme Eddie war ganz beschämt. Ich bin immer noch wütend auf mich selbst. Aber wir haben beide eine ordentliche Lektion erhalten. Zum Glück haben wir nicht unseren gesamten Bestand zweier Sorten eingebüßt, aber die Schößlinge eines kostbaren Jahres sind hin. Ein ständiges Problem in Gärtnereien ist eben der Mangel an geschützten Flächen, wenn man sie unbedingt braucht. Aber für das nächste Jahr habe ich mir vorgenommen, die jungen Ableger aus den tiefen Kästen einzutopfen und sie dann für die kurze Zeit, die sie zum Verwurzeln in den Töpfen brauchen, geschützt unter Folie zu ziehen, bevor sie ausgepflanzt werden.

Unterdessen mußten wir nicht hungern. Mit einer Menge Kompost und ein wenig Wässern ist die Gemüseernte viel besser ausgefallen als die zuvor, als es ähnlich wenig geregnet hat, aber kühler war, so um die 20° C statt bis zu etwa 30° C. Ich schaffe es kaum noch, die Himbeeren zum Einfrieren (und zum Essen) zu pflücken. «Autumn Bliss» und «Fall Gold» hatten im letzten Sommer Mehltau und Rote Spinne und sahen scheußlich aus. Von beiden sind sie bis jetzt verschont geblieben. Auch die Tomaten tragen reichlich, «Gardener's Delight» und «Sun Gold» hängen so voller Früchte, daß man sich gar nicht daran satt sehen kann, aber ich pflücke sie ab, manche gebe ich fort, es bleiben immer noch genug zum Enthäuten, Pürieren und Einfrieren. Die ersten Kolben Süßmais, die ja immer die besten sind, sind schon eingefroren. Meine Tochter Mary, eine begeisterte Gärtnerin, hat mir geholfen, einen Wäschekorb voll zu pflücken. Dann haben wir die Maiskolben enthülst, sie in Beutel getan und eingefroren, alles innerhalb kürzester Zeit, damit sie süß bleiben.

Sonntagmorgen, 8. September

Gestern abend habe ich hinter einem wogenden Meer blühender Levkojen, die mich vor den Gärtnereibesuchern verbargen, auf einem umgedrehten Eimer in der Nähe vom Traktorschuppen gesessen, dort, wo die Zwiebeln und der Knoblauch untergestellt sind und auf Drahtnetzrahmen zum Trocknen ausgebreitet liegen. Ich denke, es ist eine Art Flucht vor der Wirklichkeit, so die Wärme der Septembersonne auf meiner knackenden Schulter zu spüren, während ich die vertrockneten alten Schalen und die verwelkten Blätter abraschle, sehe, wie sich die Kisten mit goldenen und purpurroten Zwiebeln füllen, und darauf achte, ob sie fest und frei von Schimmel sind. In diesem Jahr habe ich auch diese drolligen kleinen Nester von Zwiebelchen gesammelt, die oben am Ende eines hohen, dicken Schafts sitzen, Ägyptische Zwiebeln oder, wie sie auch heißen, Etagenzwiebeln. Früher hatte ich keine rechte Verwendung dafür, aber jetzt schätze ich sie grob gehackt zum Würzen von Salaten und Dips und muß dafür nicht eine halbe gewöhnliche Zwiebel fortwerfen. Gut, daß ich eine Beschreibung dieser Zwiebel in dem ausgezeichneten Buch «Vegetables» von Roger Phillips und Martyn Rix gefunden habe.

Von meinen jungen Feigenbäumen, die wir in halbierte Weinfässer gepflanzt haben, haben Andrew und ich uns vier kleine, dunkelrote Früchte geteilt. Du kannst Dir nicht vorstellen, wie süß sie geschmeckt haben, jeder Bissen ein Genuß. Nächstes

Jahr werde ich darauf verzichten, dieselben Gefäße auch noch mit niedrigen Sommerblumen zu bepflanzen, denn dann können wir ordentlich mit gut abgelagertem Stallmist düngen, um das Wachstum mehr zu fördern. Wir haben leider nicht genügend geschützte Plätze vor Mauern, um die Feigen dort ausgepflanzt zu ziehen.

Ich wünschte mir, ich könnte Dich mal eben kurz im Garten herumführen, aber tatsächlich würde das den ganzen Tag dauern. Nachdem letztes Wochenende 29 mm Regen gefallen sind, gibt es plötzlich so viel zu sehen. (Unter anderem hat uns das eine reiche Ernte an Champignons im gemähten Gras vom Reserveparkplatz eingebracht. Natürlich ist ein Teil davon, zubereitet in einer Mischung aus Öl und Butter, in der Gefriertruhe gelandet: schwarze, appetitliche Hüte voller Geschmack, viel zarter als die gummiartigen Dinger aus dem Supermarkt.)

Überall sieht es frisch und wunderbar aus. Jetzt, wo alles so schnell bunt wird, ist das eine tolle Jahreszeit, die ihrem Höhepunkt entgegenstrebt, wenn die Herbstastern, die Dahlien und alles andere dem drohenden Frost trotzen, bis schließlich Bäume und Sträucher in einer letzten Farborgie dominieren – und dann ist der Zauber vorbei. Der Winter wird andere Geschichten erzählen – viele davon für unsere Briefe, hoffe ich.

Das ist jetzt ein recht wortreiches Dankeschön geworden, aber nun ist Schluß.

Herzliche Grüße an Euch alle in Dixter, Beth

Samstag, 14. September

Liebe Beth,

es ist ein strahlend schöner Samstagnachmittag. Ich sitze gerade bei offener Tür zum Garten und höre die Stimmen der Besucher. Ich mußte durch die große Halle, um diesen Laptop zu holen, als eine Besuchergruppe sich gerade anschickte, einen Gang durch das Haus zu starten. Ein Mann in meiner Nähe öffnete eine Tür des großen alten Eichenschranks, um zu sehen, was sich darin befinde. Ich sprach ihn schroff an und erinnerte ihn daran, daß dies ein Privathaus sei. Manchmal bringen mich die Leute dazu, daß ich denke, Dixter würde von ihnen besudelt.

Heute findet in der Gemeindehalle die Herbstblumenschau unserer örtlichen Gartenbaugesellschaft statt, an der ermutigenderweise mehr Leute mit mehr Nennungen teilnehmen als vor einiger Zeit. Viel hängt vom Wetter im Vorfeld ab. Dieses Jahr zum Beispiel sind Rosen zu sehen, während sie im Juli letzten Jahres verregnet waren. Alles in allem sah die Schau richtig nett aus. Hoffentlich finden solche Ereignisse noch oft statt. Die Leute stehen dauernd unter Druck, stets und ständig mit dem Auto unterwegs sein zu wollen, anstatt sich am Dorfleben zu beteiligen.

Olivia (meine Nichte), die seit neun Tagen auf einem ihrer allzu seltenen Besuche aus dem Ausland hier ist, hat mir mit meinen sperrigen Ausstellungsstücken hinuntergeholfen – große Kübel mit Sträuchern, Stauden und Einjährigen. Die Auswahl war so groß. Ich bin mir sicher, daß der Garten zu dieser Jahreszeit noch nie so schön war – dank Fergus. Die Besucher wußten das zu schätzen.

Vorgestern sind Olivia und ich mit Mitgliedern unserer Gartenbaugesellschaft einer Einladung gefolgt und haben uns die neuesten Methoden der Hopfenernte angeschaut, und zwar im fortschrittlichsten landwirtschaftlichen Betrieb des Dorfes, der der Familie Cyster gehört. Die sind schon länger in Northiam als die Lloyds, und drei von ihnen waren da: zwei Brüder in den Sechzigern und der Sohn von einem, der aber eher wissenschaftlich ausgerichtet ist, so daß fraglich ist, ob er seine Zukunft in der Landwirtschaft sieht.

Wie dem auch sei, in dem Betrieb seiner Eltern bauen sie nicht bloß Hopfen an und trocknen ihn, sondern brauen auch Bier mit ihrer selbstgemalzten Gerste, ihrer eigenen Hefekultur und ihrem eigenen Wasser aus Tiefbrunnen. Sie haben eine Herde Milchvieh und vertreiben ihre eigene Milch und Sahne. Solche Menschen bewundere ich wirklich.

Einst gab es sieben Hopfenbauern in Northiam, jetzt nur noch einen, die Cysters, und in ganz Sussex sind bloß noch fünf übriggeblieben. Allerdings steigt die Nachfrage nach britischem Hopfen und Bier vom britischen Typ (statt Lagerbier) in verschiedenen Teilen der Welt, einschließlich Amerika, es sieht also auf diesem Gebiet keinesfalls alles düster aus. Es ist faszinierend, die neue Maschine (ziemlich ähnlich der Holzeinschlagmaschine, der wir zusammen in Kanada vor einigen Jahren zugeschaut haben) bei der Arbeit zu sehen. Sie überspannt die Reihen und verschlingt die Hopfenblüten mitsamt einem Teil der Blätter (die später mechanisch mit Hilfe eines Gebläses aussortiert werden), läßt aber die Hopfenranke an Ort und Stelle, so daß die Pflanze nicht plötzlich abgeschnitten wird, während sie in vollem Wachstum steht, sondern, jedenfalls zum Teil, in der Lage ist, ihren natürlichen Wachstumszyklus mit einem Teil des unbeschädigten Blattwerks abzuschließen.

Die Trocknung erfolgt mit Brennern, ähnlich riesigen Lötlampen, und dauert zwischen sieben und elf Stunden, so wie früher auch. Die getrockneten Hopfenblüten werden dann gepreßt, nicht wie ehedem in runde Ballen, sondern in solche mit quadratischem Querschnitt, allerdings von etwa derselben Länge. Die Abfüllung der Hopfenblüten in Leinensäcke erfolgt automatisch. Überall staubt es mächtig, und ich hatte schon in der kurzen Zeit ziemlich mit Husten zu kämpfen. Natürlich ist die ganze Ernte ziemlich schnell vorüber. Der scharfe Geruch nach Hopfen hat für mich etwas ungeheuer Nostalgisches, denn bis zu meinem achtzehnten Lebensjahr wurde der Hopfen aus unserem eigenen Hopfengarten in unserem eigenen Darrhaus getrocknet.

Fergus ist äußerst aktiv, seit er von seinen zwei Wochen in der Türkei zurück ist, wo er und sein Bruder ihre Mutter besucht haben. In einer Woche fährt er zum ersten Mal in die USA (Tom Cooper, der die dort führende Gartenzeitschrift *Horticulture* herausgibt, hat das organisiert) und wird dort zwei oder drei Vorträge halten. Amanda fährt mit, so daß es ein tolles Erlebnis werden wird.

Infolgedessen hat er gearbeitet, bis es dunkel wurde und dazu auch noch übers Wochenende.

Letzten Sonntag hat er in der Gärtnerei verkauft, da kamen eine Mutter und ihre Tochter für kleinere Einkäufe. Nachdem die Mutter eine Pflanze gekauft hatte, meinte ihre Tochter, die alte Dame könne auch noch einen Hammerstrauch, *Cestrum parqui*, mitnehmen. Aber nein, mit ihrem Handstock kriegte sie das nicht hin. Die alte Dame erinnerte Fergus an seine Großmutter, und er sagte ihr, sie könne sich irgendeine Pflanze ihrer Wahl als Geschenk aussuchen. Beth, sie war wie ausgewechselt! Sie klemmte sich ihren Stock unter den Arm und ging ganz erpicht von Pflanze zu Pflanze, bis sie sich entschieden hatte – für eine Kapmargerite (*Osteospermum*). Fergus war amüsiert, wie Du Dir denken kannst.

Die Dachse sind eine Plage im Garten. Ein Mädchen aus Deutschland, das ein paar Wochen bei uns arbeitet, hat nicht weniger als vier davon kurz nach dem Dunkelwerden im Garten gesehen. Sie haben jede einzelne Mohrrübe in den zwei Reihen gefressen, die mich für die nächsten sechs Monate versorgen sollten. Kleine Löcher lassen ahnen, wo eine jede von ihnen steckte.

Als ich das letzte Mal versucht habe, Süßmais zu ziehen, haben die Dachse ihn erst verschmäht und dann alles weggefuttert, geradeso, als hätten sie auf den Zeitpunkt gewartet, zu dem die ersten Kolben geerntet werden. Also haben wir ihn dieses Jahr im Drahtkäfig für die Himbeeren gezogen, wo wir die «Fallgold»-Himbeeren rausgenommen haben, um Platz zu schaffen. Vögel vergreifen sich kaum an der Herbsternte, daher ist Platz unter Draht hierfür Verschwendung. Nächstes Jahr werden wir wohl auch die Mohrrüben im Drahtkäfig ziehen müssen. Ich hoffe nur, daß die Dachse sich nicht ihren Weg hineingraben.

Ich frage mich, was ich mit dem Süßmais mache, wenn Olivia wieder fort ist. Du schriebst, Du hättest die Hüllblätter entfernt und die Kolben eingefroren, aber unsere Gefriertruhe ist schon übervoll, und ich denke, ich werde wohl die Körner vom Kolben schälen und sie in kleine Säcke füllen. Für ein Gemüse ist Mais eigentlich ziemlich süß, finde ich. Da kommt man mit wenig recht lange aus.

Nun zu einigen anderen Punkten aus Deinem letzten Brief. Baust Du keine Schalotten an? Wir hatten eine ausgezeichnete Ernte, und auch der Rest vom letzten Jahr ist noch zu gebrauchen (für die kleinen Lunchpakete). Du nimmst die Etagenzwiebeln roh für Salate. Ich habe gemerkt, daß ich Schalotten roh, wenn sie fein gehackt sind, vertrage, ebenso Knoblauch (wenn nicht die Gefahr besteht, unsozial zu sein), aber keine Zwiebeln. Natürlich verwende ich sie viel beim Kochen, aber ich sehe keinen Grund, sie anzubauen, wo sie so einfach zu bekommen sind. Sie scheinen sich nicht so gut wie Schalotten zu halten, deshalb nehme ich nur so viele mit, wie ich gerade brauche, wenn ich einkaufe.

Du schreibst, daß Du die kleinen Tomaten wie «Gardener's Delight» und «Sun Gold» enthäutest, bevor Du sie pürierst und einfrierst, aber ist das nicht eine öde Plackerei, oder hast Du da einen besonderen Dreh gefunden? Ich wünschte mir, daß ich zu kulinarischen Zwecken mehr Glück hätte mit einer größeren, aber trotzdem schmackhaften Tomate. In Deinem Gewächshaus wäre das ein leichtes.

Wir haben dieses Jahr bis jetzt erst drei Artischocken geerntet. Das ist wirklich nicht berauschend. Wie Du weißt, haben unsere alten Pflanzen letzten Winter gelitten. Deinem Vorschlag folgend haben wir die Ableger unter Schutz bewurzelt, aber als es ans Auspflanzen ging, waren sie im Wachstum eher Monate als Wochen zurück. Jetzt sind sie gut in Schuß, aber ich frage mich doch, ob unsere alte Methode, die Ableger unmittelbar zu verschulen, wo sie wachsen und tragen sollen, so wie wir das früher immer gemacht haben, nicht doch der bessere Weg ist.

Ich finde auch, daß *Atriplex halimus* eine wunderschöne Blattpflanze ist, habe aber festgestellt, daß sie sich praktisch kaum am Leben halten ließ, weil Spatzen jedes einzelne Blatt abgezupft haben. Ich hatte keine Lust, die Pflanze mit einem Netz zu schützen. Das muß ich schon früher im Jahr aus demselben Grund mit *Artemisia arborescens* machen. Die Spatzen kleiden ihr Nest mit diesen graublättrigen Pflanzen aus. Ich frage mich, ob der Geruch ihnen zusagt; die meisten solcher Pflanzen riechen stark.

Die gefüllte *Galtonia candicans* habe ich noch nie gesehen, kann mir aber vorstellen, daß sie ein Renner ist, vor allem, weil die Stengel bei dieser Art so kräftig sind, daß sie durch das höhere Gewicht nicht umzuknicken drohen, wie das manchmal bei der gefüllten weißen *Camassia leichtlinii* passiert, die ich auch sehr schätze. Mit der gewöhnlichen weißen Sorte dieser Art will ich es auf unserer Wiese versuchen und habe für den Anfang jede Menge Saat gesammelt. Allerdings werden wir die Sämlinge die ersten Jahre vorziehen müssen, bis sie groß genug sind, um es im Gras zu versuchen, das ja so konkurrenzstark ist. Aber andere Präriekerzen, vor allem *Camassia quamash*, sind unter diesen Bedingungen ein großer Erfolg und vermehren sich sowohl vegetativ, wobei sie Horste bilden, als auch durch Selbstaussaat. Selbst wenn bloß einer von 500 Samen erfolgreich keimt und zu einer neuen Pflanze heranwächst, reicht das immer noch aus, wenn man an die vielen tausend Samen denkt, die sie gebildet haben.

Das ist genauso wie bei den Schachbrettblumen, *Fritillaria meleagris*, die meine Mutter in Kisten aussät, dann pikiert und schließlich mit Hilfe eines Blumenzwiebelpflanzers in ein wenig alter Blumentopferde, damit sie einen guten Start hatten, ausgepflanzt hat. Haben sie erst einmal Fuß gefaßt, besorgt die Natur den Rest. Diese Art des Gärtnerns stellt einen wirklich zufrieden, aber man muß mit dem richtigen Rasenstück anfangen, einem ziemlich nährstoffarmen, damit nicht wüchsigere Konkurrenten wie Wolliges Honiggras, Wiesenkerbel, Ampfer und Brennesseln die schwächeren Neulinge erdrücken.

Wir haben gerade gemäht, erst das zweite Mal in diesem Jahr (davor März), und zwar den Rasen im Topiary-Garten. Der durfte die letzten zwei Jahre wieder zu einer Art Wiese werden und ist infolgedessen jetzt viel widerstandsfähiger gegen Trockenheit. Weil ich ihn nie gedüngt habe, war die Grasnarbe locker, aber das ist ideal für eine Wiese, in der viele verschiedene Blumen blühen sollen. Viele «Unkräuter» sind eingewandert, und der Weißklee mit seinem Honigduft war verblüffend. Nun haben wir eine Reihe von Rundblättrigen Glockenblumen, *Campanula rotundifolia*, aus Saat herangezogen, aus denen schon einzeln eingetopfte, kräftige, blühende Pflanzen geworden sind. Wir werden sie in den Rasen setzen, wenn man nach dem Regen mit dem Blumenzwiebelpflanzer ganz leicht Ballen ausstechen kann.

Helen Dillon war neulich für einen Tag und eine Nacht hier, und heute morgen habe ich einen solch anerkennenden Brief von ihr bekommen. Wirklich ermutigend, wenn er von einer so hervorragenden Gärtnerin wie ihr stammt. «Die Rabatten haben große Ausdruckskraft», schreibt sie. «Ich kann gar nicht genau beschreiben, woran das liegt (ich auch nicht!) – keine Spur von Geschwafel über subtile Farbgestaltungen – vielleicht liegt es daran, daß Sie im Vergleich zu anderen Gärtnern der Gestalt mehr Beachtung schenken ...» Vielleicht trifft das zu, auch für Dich. Die Anordnung von Pflanzen in Beziehung zu ihren Nachbarn ist so wichtig und etwas so Reizvolles; die Farbe ist dagegen bloß ein Aspekt, den man beachten muß. Höhe, Gestalt und Textur, ebenso die Zeit der vollsten Schönheit, all das sind Faktoren, die man berücksichtigen muß. Bis zu einem gewissen Grad kommt das unwillkürlich, aber Überlegung ist verläßlicher als Instinkt, wenn auch die Kenntnis (oder das Entdecken, wenn sie neu sind) der Vorlieben Deiner Pflanzen das wichtigste von allem ist.

Ich liebe die Unebenmäßigkeit meiner Bepflanzungen und die Art und Weise, auf die es möglich ist, eine hochgewachsene Pflanze mit dünner Textur ziemlich weit vorn zu setzen, während beim Näherkommen Rinnen mit flachwüchsigen Pflanzen sichtbar werden und einen ans Ende oder ins Innere der Rabatte geleiten. Der Unterschied zwischen dem Frühjahr, wenn so vieles noch niedrig ist und dies zum Beispiel mit Blumenzwiebeln ausgenutzt werden kann – also zwischen all dem und der sommerlichen Fülle – ist sehr auffällig. Die Kontinuität von Reizen ist ein Thema, das ich besonders interessant finde, ebenso die Kunstgriffe, um sie zu erreichen, manche davon, aber bei weitem nicht alle, sind zugegebenermaßen recht arbeitsintensiv.

Beth, ich wünschte, Du würdest *Crinum* x *powellii* in einem von Deinen Teichen mal unter Wasser versuchen. Ich habe seit mindestens acht Jahren welche im Horse Pond, wo sie vor denen in den Blumenbeeten blühen. Allerdings stehen sie nahe an der Böschung und zu stark unter Druck. Ich denke, man sollte eine größere Fläche damit bepflanzen. Die Idee dazu verdanke ich einem Photo aus einem Buch von Martyn Rix, das blühende *Crinum* in einem Sumpfgebiet zeigt. Der Sumpf könnte zu anderen Zeiten im Jahr austrocknen, muß es aber nicht. Ich kann mir nicht helfen, ich denke immer, daß die sehr langen *Crinum*-Zwiebeln deshalb so gebaut sind, damit der Hals aus dem Wasser ragt, während die Wurzeln und ein Großteil der Zwiebel im Schlamm bleiben.

Du schreibst über die robuste Flora Südafrikas als eine Stütze unserer spätsommerlichen und herbstlichen Gärten. Mir wird immer der Anblick einer großen Fläche mit wilden *Kniphofia* in Erinnerung bleiben, die an einer sumpfigen Stelle blühten, als ich 1946 von Kenia nach Uganda unterwegs war. Ich ziehe eine ganze Reihe davon, aber man kann zuviel von denen haben, die eine Flut von Blüten bilden, mit der es in wenigen Wochen aus und vorbei ist. Im Gegensatz dazu gibt es solche, die fortlaufend eine Reihe von Blütenständen bilden. Deine *Kniphofia* «Little Maid» gehört dazu. Ich habe ein enormes Bataillon mit diesen cremigen, grünlichen Blütenständen, die schon seit drei oder vier Wochen eine Sehenswürdigkeit sind, ohne Anzeichen von Ermüdung aufzuweisen. Damit das Eindruck macht, braucht man aber, glaube ich, eine großzügige Bepflanzung. Unsere haben wir erst im letzten Frühjahr angelegt, ich kann also sagen, daß sie sich schnell etabliert hat.

Wir nähern uns dem Ende der Ernte von «Victoria»-Pflaumen und pflücken nach Bedarf. Meine Großnichte Giny, Andrew und ihre dreiköpfige Familie sind letztes

Wochenende über Nacht geblieben, und ich habe ihnen angeboten, einige «Vics» nach Hause mitzunehmen. Die Obstwiese haben wir jetzt gemäht; der Baum ist noch ziemlich jung, und ich habe ihnen gesagt, der einfachste Weg, an die Früchte zu kommen, die außer Reichweite sind, sei, den Baum zu schütteln. Der kleine John, er ist fünf, hielt das für eine großartige Idee und schüttelte wie verrückt, die Pflaumen regneten auf seinen Rücken herab. Pip raste los, um seine Kamera zu holen. Ich hoffe, er hat etwas auf den Film gebannt.

Die Hunde mögen Obst nicht weniger gern als ich (das scheint ihnen mit allem Essen so zu gehen) und postieren sich längere Zeit unter dem Baum, um darauf zu warten, daß der Wind ihnen ein Festmahl zuweht.

Alles Liebe von Christo

Donnerstag, 19. September
Lieber Christo,

ich kann mir vorstellen, wie Dir zumute gewesen ist, als jemand in einen Schrank in dem Haus spähte, das zufällig zugleich auch Dein Heim ist. Das ist eine Strafe, die wir zuweilen dafür zahlen, daß wir uns Besuchern öffnen. Glücklicherweise würden die meisten nicht mal im Traum so etwas tun.

Ich empfinde meinen Garten nach wie vor als mein Eigen, das ich liebend gerne mit verständnisvollen Gärtnern teile. Oft, wenn ich ein wenig müde oder bedrückt bin, belebt mich das Glück, Gleichgesinnte zu treffen, völlig neu; wenn ich aber dazukomme, wie jemand quer durch ein Blumenbeet läuft, weil er ein Schild sucht, kann ich eine plötzliche Woge von Wut und Verzweiflung spüren, so, als würden sie auf mir herumtrampeln. Der Garten mag ja geöffnet sein, aber es ist doch kein öffentlicher Park, abgesehen davon, daß mit öffentlichen Parks nicht respektlos umgegangen werden sollte – bitte bleiben Sie auf den Wegen! Glücklicherweise machen uns die meisten Menschen durch ihr Interesse und ihre Anerkennung dessen, was wir tun, viel Mut ...

Peter Huchel

Oktoberlicht

Oktober, und die letzte Honigbirne
hat nun zum Fallen ihr Gewicht,
die Mücke im Altweiberzwirne
schmeckt noch wie Blut das letzte Licht,
das langsam saugt das Grün des Ahorns aus,
als ob der Baum von Spinnen stürbe,
mit Blättern, zackig wie die Fledermaus,
gesiedet von der Sonne mürbe.

Durchsüßt ist jedes Sterben von der Luft,
vom roten Rauch der Gladiolen,
bis in den Schlaf der Schwalben wird der Duft
die Traurigkeit des Lichts einholen,
bis in den Schlaf der satten Ackermäuse
poltert die letzte Walnuß ein,
die braun aus schwarzgrünem Gehäuse
ans Licht sprang als ein süßer Stein.

Oktober, und den Bastkorb voll und pfündig
die Magd in Spind und Kammer trägt,
der Garten, nur von ihrem Pflücken windig,
hat sich ins müde Laub gelegt,
und was noch zuckt im weißen Spinnenzwirne,
es flöge gern zurück ins Licht,
das sich vom Ast die letzte Birne,
den süßen Gröps des Herbstes bricht.

Die Birne, *Pyrus communis*.

Julian Schutting

Garten

sich um einen Garten zu kümmern, weil dies seit dem ersten Samariterdienst, einer Nottränkung, von einem erwartet wird, der man, nicht zu einem japanischen Gärtner geboren, Verantwortung für etwas scheut, das einen nicht an seine Existenz erinnert, sondern still verhungern würde – dank der Bemühung jedoch, nicht bloß einer Pflicht nachzukommen, sondern im Umgang mit Pflanzen in die Beschaulichkeit zu finden vor langsam aus sich heraustretenden Gedichten, wird dir Anvertrautem und dir Preisgegebenem wohlzutun zu einem Wohltun an dir selber: ganz rein lernst du von dir abzusehen, darfst, mit diesen fremden Wesen und Waisen befaßt, von Schwermut rasten, wann zuletzt hast du dich nützlich gewußt?

manches ganz andere Versäumnis ist gutzumachen, sooft vom Sturm Zerschmettertes lebend zu bergen gelingt, unterste Stufe der Caritas, wo du Nachsicht und Geduld zu haben übst, auch mit dir selber, und was wäre eine bessere Einstimmung auf die Arbeit an Gedichten, als mit einer Harke Erde zu lockern, Erde um Rosenstöcke zu häufeln!

in einem einen beträchtlichen Teil des Jahres sich selbst überlassenen Garten ist zwar nicht Fürsorglichkeit zu erproben für ganz Junges oder Empfindsames (nie ist unter einem aufgeklart Nachtfrost bedeutenden Himmel eine warme Decke über ein Kinderbeet zu breiten, nie ist Stockrosen die letzte Blüte zu verhüllen, ehe man selber schlafen geht), dafür aber wird, wo nur, was nottut, getan wird, wohltuend wenig gewußt, was für andere gut ist: Wildaufgegangenes darf mitessen und mittrinken (wie etwa könnte ein Unkraut sein, was zarter blüht als ein Vergißmeinnicht; was schöne breite Blätter um sich legt, die die Erde und andere Wurzeln beschatten? bloß was ins Kraut schießt und währenddessen schon verbleicht, das reiße ich aus, mag bloß nicht kleinlich das bißchen Erde herunterbeuteln, das die Wurzelfäden umklammern), nichts wird in Korsetts gezwungen und in zu kleine Schuhe, auch Haltungsschäden eher ideell als faktisch korrigiert, keine Leimringe an den Stämmen der Obstbäume, keine Flaschen mit braunen Säften in den Zweigen, die in Schrebergärten Herrschaftszeichen sind des Staatsmacht und aufgezwungene Ordnung verinnerlichenden Bürgersinnes,

Toleranz daher so zu verstehen, daß, solange nicht zwischen Gut und Böse zu unterscheiden ist, als das Geduldete nicht die Oberhand gewinnt (dann allerdings auch einen nicht-rigorosen Schönheitssinn das ausgesetzte Urteil zu vollstrecken zwingt), Laissez-faire, das (am Nachbargrundstück hat es zu enden, nicht sollen die nur bei uns gern gesehenen Pflanzen fremdes Eigentum okkupieren) zu beweisen erlaubt, die Terrasse lebe wie nach Regenfällen die Wüste:

zwischen den Steinplatten Reihen von Linden und Buchen, kleine Löwenzahninseln, aus dem Efeu wächst ein Kastanienbaum, ja im Moos auf den Steinen gehen

Bergblumen auf – haben sie den Weg hierher durch die Luft genommen, hat der Bach sie angespült, oder wären sie an meinen Bergschuhen mit mir zu Tal gestiegen?

Sprach- und Bewegungsgestörte entspannen sich als Hilfsgärtner, noch weit mehr wäre die beruhigende Wirkung von Blumen zu nutzen – es gibt zwar Verrückte, die Schwänen den Hals durchschneiden oder verknoten; die berühmte Gemälde mit dem Messer anfallen oder sie durch Panzerglas in die Brust schießen wollen, nie aber hört man von einem Blumenquäler, der denen, die ihm nicht zu Willen sind, sondern sich verschlossen halten, Brandwunden zufügt in Erwartung eines Schmerzensschreies; der aus Eifersucht, daß seine Sonnenblumen, statt sich um ihn zu drehen, mit der Sonne gehen, Sonnenblumenfelder niedergemetzelt hätte; der aus Rache, daß sie ihn nicht mehr liebt, der Geliebten in Gestalt ihrer Rosen zuleibe rückt!

was den Menschen gemeinsam ist, die für Blumen eine so glückliche Hand haben, daß in ihrem Schutz Heikles überall gleich gut gedeiht, in der Wärme, in der Kälte, im Licht und im Schatten; daß todkrank ihnen Überbrachtes an ihnen sogleich gesundet, das sind wohl den Blumen verwandte Seelenschwingungen der Freude, auf diese Art fruchtbar zu sein – so muß die Entdeckung eines amerikanischen Institutes für Pflanzenphysiologie, daß Pflanzen unter Einwirkung von Barockmusik überdurchschnittlich gut gedeihen, von Rock- und Pop-Musik ihr Wachstum aber beeinträchtigt würde, nicht ein Aprilscherz sein: der Student, der während dieses Experiments sein Glashaus lieber unter Bach- und Vivaldiberieselung betreut hat, mag nicht nur von Gemüsesorten als ein ausgeglichenes Temperament gutgeheißen werden.

die Kinder des Nachbarn wild herumtollen zu sehen, der ein Maßband anlegt, wenn er seine Hecken beschneidet; der es nicht duldet, daß seine Clematis von ihrem Eisenreifen auf einen anderen hinüberspringt, und ich gestatte es mir endlich, die in die Luft statt nach einer Mauer ausgreifenden Klettertriebe auf den richtigen Weg zu holen, blauer Bast ist nicht Handschellen; auch den Pfingstrosen, die sich, damit ihre Köpfe aus dem Schatten wären, das Rückgrat zu zwei Buckeln verkrümmt haben, tut es gut, von einem Bambusrohr gehoben zu werden, wie schön auch das Bild der Blüten war, die wie weiße und rosa Tauben ihren Strauch umsaßen, in die Wiese gesetzt von den weiter als ein Schwanenhals hinausgestreckten Stengeln,

Blumenorthopädie, zu der einen auch die in regenarmen Sommern beheimateten Gladiolen nötigen: in sandige Erde wollen die haltlosen Zwiebeln gesteckt sein, so muß ihnen, herangewachsen, ein Stützstock beigegeben werden, tote bunte Fische lägen sie nach einem kräftigen Salzkammergut-Regen da, in einem versandeten Fluß.

Gießkannen. würdest du eine hölzerne Weinbutte durch die Weinberge schleppen wollen, nicht auch lieber eine leichte bleiche aus Kunststoff haben? aber Gießkannen aus althergebrachtem Material wird es in kleinen Gärten noch lange geben, auch auf Friedhöfen, wer trüge nicht gern an einem Liebesdienst, durch den ihm im Herzen leicht wird! welche Eisenhandlung die schönsten verkaufe, darüber unterhält sich in einer Bad Ischler Apotheke eine Frau Magister mit einem Kunden – eine der wasser- oder auch himmelblau emaillierten kleinen könnte gemeint sein (in Hausfluren und in Veranden stehen sie für die Hausblumen bereit, von alten Frauen in geblumten Kleiderschürzen werden sie auf dem Fahrrad-Gepäckträger auf den Friedhof mitgenommen), eher eine wie die unsere, gehämmertes Zink, unter der Wasserleitung lehnt sie an der Hauswand:

in ihrer blau-grauen Marmorierung lebt fort die Sitzbadewanne, die für uns Kinder auch im Baumschatten Wasserleitungswasser gut erwärmen konnte, weil sie aus flachgeschliffenen Badesalzkristallen gemacht war, in diesen eingeschlossen unzählige Mondsicheln und Halbsonnen, an der Oberfläche der Gießkanne erscheinen sie mir wieder –

ihr Boden (die abgeflachten, elliptischer Grundriß, bleiben besser an eines Seite als die mit zylindrischem Körper) sitzt einem schmalen Reif auf, nur der wird sich, stellt man sie ab, in die Erde eindrücken. das Rohr wie ein Wasserspeier durch eine Verstrebung gestützt. der Henkel, den man im Gießen neigt, ähnelt dem eines Kruges, der zum Tragen bestimmte einem Koffergriff, breites, an den Rändern gerundetes Metallband, das in der Hand gut sitzt, als wären ihm eines Finger eingewölbt. ihr Sinn macht schön die halbmondförmige Deckfläche. wie Trinkgläsern ist der Kanne etwas unter dem Rand ein Strich mit Maßangabe eingeritzt, wer schenkte nicht trotzdem besonders gut ein, auch wenn dann etwas überschwappt.

auf die zarte Wasserpraxis sich einzustimmen: aus der voll aufgedrehten Wasserleitung es in die Kanne niederdonnern zu lassen, blechernes Dröhnen, das ein «Granatfeuer in der Ferne» simulieren könnte, nicht aber einen Sturzbach; oder mit dem für die Blumen zu gewalttätigen Gartenschlauch, die Düse ist verlorengegangen, wenigstens die Kanne zu füllen, den scharfen Wasserstrahl gegen das noch nackte Blech zu schleudern, Maschinengewehrsalven – wie kunstvoll aber hat man als Kind durch das als ein Mundstück verwendete Rohr in die halbvolle Kanne hineingeröhrt, genau wie ein Hirsch!

dann die Kanne an sich zu reißen und, von ihr weggekrümmt, dahinzueilen, zu sich heraufzuziehen, was einen hinunterzerren will, kleiner Springquell, sooft sie einem gegen die Seite schlägt, einarmiger Seiltanz über den Kiesweg, da der freie Arm, sich des Vogels besinnend, der man einstmals war, als eine lahme Vogelschwinge eines Schritte begleitet, unwillkürlich steigen gemacht, je mehr an dem anderen gezogen wird – wippend drückt er, um den Bruderarm durch Gegendruck zu entlasten und das Gewicht auf Wirbelsäule und Schultergürtel verlagern zu helfen, nach unten, will mit elastischen Schwüngen die Verkrümmung korrigieren, befremdlich an eines Schattenbild das Schlenkern der Hand, das schlaffe Gewinke des ganzen Armes, als gehörte beides nicht mehr zu einem und gehorchte daher nicht so recht; bald aber dem schleppenden Gang davonzulaufen und der Last, von der Gewißheit, Erleichterung zu bringen, beschwingt, als würde man von Blumen, die auf Fütterung warten, schon an den Hantierungen an der Wasserleitung erkannt, beflügelt noch mehr von den stummen Seufzern, mit denen die Erde sich einem auftun wird, trinkend und trinkend auch den zu erquicken, der überreich zu trinken bringt – wer wollte nicht für alle Tage ein Samariter sein, wenn nur alle die, welche besonderer Samariterdienste bedürften, schön, still und dankbar wären wie Blumen!

als ein auf sich gestellter Gärtnerlehrling sein Tun beobachten und verbessern, um den Begriff der Zweckmäßigkeit hochzuhalten, allein schon in den unterschiedlichen Höhen, aus denen man gießt – ein kleiner Seelenkitzel, sich zur Einübung in die praktische Vernunft die Folgen unangemessenen Tuns lehrhaft vorzuhalten (Höhergewachsenes ist ohne Rose zu gießen, an den Wurzeln, da, gösse man höher oben weitgefächertes Wasser aus, dasselbe von den Blättern weg nach außen flösse, ohne daß jene davon zu trinken bekämen, sei gegossen mit träge dem Rohr entfließendem, zwischendurch pausierendem Wasser, da dieses ansonsten ungenutzt wegschwömme und kostbare Gartenerde wegschwemmte ...; unerschrocken sei das Gießkannenrohr durch die vorderen Phloxreihen zu den von der Wässerung abgedrängten zu zwängen, an der hitzestrahlenden Mauer die Verdunstung am stärksten, auch trinke im Verborgenen Wucherndes dort hinten eifrig mit ...)

oder Einfühlsamkeit zu erlernen durch ein Befühlen der Erde (in Blumenerde und Torfmull sich hineinzudrücken ist dem Zeigefinger ein feinerer Reiz, als bloßen Füßen, in nasses Moos einzusinken), bald weiß man der Oberfläche die Tiefe der Austrocknung anzusehen, Erfrischung, die reichlich zu reichen einem zu einer Maxime wird, auf daß man auch nirgend sonstwo sein Gewissen beruhige mit dem Anschein, der Pflicht sei überreich Genüge getan, obwohl man zum Leben zu wenig, zum Sterben zuviel gegeben hat.

den Rosenstöcken nach der Tränkung ein Brausebad zu bereiten, Wohlgefühl, das sie schon ausströmen, noch während sie unter der Dusche stehen, wie von Kopf bis Fuß mit Rosenwasser parfümiert – die Kanne abzusetzen, und man ist von einer Rosenwolke umhüllt, selbst die grünen Blätter haben nun den säuerlichen Geruch, der den meisten Sorten vielleicht mit dem Ende der Kaiserzeit abhandengekommen ist, wie Rosen riechen wieder die Rosen, und ein Einatmen lang ist davon ungeschehen gemacht, was alles die Welt Adalbert Stifters hinweggerafft hat («Rosenhof» heißt eine der Nachbarvillen), aber der Doppelsinn bleibt, der dem Eigennamen «Rosenrauch» eingebrannt worden ist.

in einzelnen Tropfen, glasklar und inwendig grün, läuft das Wasser über die Blätter, bleibt, wie Tau nur an Rosenblättern, an ihrer genetzten Oberfläche hängen; wie eisgekühlte Gläser die Tropfen beschlagen, wenn sie sogleich von einer Blattspitze sich lösen werden – dererlei vor Augen nichts davon besitzen zu wollen, will einem eine Vision bescheren, wie Kinder von klein auf zu einem zarteren Menschengeschlecht zu erziehen wären, nur woher Blumen-Kindergärten nehmen und Baum-Schulen in einer ganz anders beschaffenen Welt!

nicht in der Mittagszeit dürfe man gießen, aber da auch bei stechender Sonne Regengüsse niedergehen, lasse ich die manchmal schon mittags halb ohnmächtigen Fuchsien lauwarmes Wasser trinken in kleinen Schlucken, wie sie in leergetrunkener Erde bis zum Abend durchzuhalten zwingen, wenn die Blätter nicht bloß zur Verminderung ihrer Angriffsflächen hängen, sondern sich bereits wie zum

Trocknen aufgehängte Tabakblätter einrollen, daher sei ein Aberglaube dieses Verbot wie die längst widerrufene Regel, man solle beim Bergsteigen nicht trinken, um nicht zu schwitzen –

dispensiert ist man aber gewiß davon dann, wenn Pflanzen, die in der Natur sich schattige Plätze suchen, auf eine schattenlose Mauer kommandiert worden sind in Töpfen ohne Untersatz, einzig mit Wasser gefüllte Tonschalen könnten unterkellern ihr Haus: bloßfüßig stehen sie auf der heißen Mauer, sobald das morgens nicht aufgetrunkene Wasser verdunstet ist (die auf Wassersparen bedachte Belehrung, die in den Mittelmeerländern wild wachsenden Oleander und Pelargonien nähmen in den regenarmen Monaten auch keinen Schaden, taugt nichts, da deren Wurzeln tief hinunterlangen, dank einem intakten Grundwasserspiegel das ihre bekommen, während die unseren, frisch eingepflanzt in zu hohen Amphoren, nicht einmal von deren Grund Wasser ansaugen können),

besser hingegen sei es, Rechthaberei aus Mitleid, die kurz rasierte Wiese alle paar Tage ausgiebig zu spritzen, ja bloß auf einen baldigen Regen zu hoffen, als sie zur eigenen Kühlung oder zur Erfreuung des Gewissens täglich zu besprengen – die Wurzeln der Gräser werden davon nur verleitet, sich unter der (allzubald aufgeheizten und ausgetrockneten) Oberfläche auszubreiten (ein tröstliches Gleichnis aber das Gras, das sich aufrichtet, sobald weitergeht, wer es niedergetreten hat – kaum daß der Druck nachläßt, stehen sie auf, fordern sie ihre Rechte, als wären diese nicht seit Jahrzehnten mit Füßen getreten worden).

wenn es Abend wird, sich als erstes der Fuchsien und Pelargonien anzunehmen – die Erde vorerst nur kräftig befeuchten, auf daß sie das Ende der Wüste nahe wissen, sich auftun bis in die kleinsten Kammern dem segensreichen Wasser, die sie sich schwindenden Glaubens eingeschlossen hatten, dann reihum einen ersten Schluck, damit sie sich nicht verschlucken, Zeit zum Atemholen brauchen sie, sich nach der Fastenzeit an ein sättigendes Mahl zu gewöhnen; dann wird die Ration erhöht, gemütlicher Umtrunk, bald ist wiederhergestellt der Erdgeruch der fleischigen Blätter, kräftiger nachgeschenkt, und ihnen beim Trinken zuzuschauen als ein zufriedener Wirt: das Wasser versickert nicht in der Erde, denn noch bevor auch die sich sättigen könnte, das wird später sein, wird es von feinsten Wurzelhaaren angesogen, dorthin strebt es, wo weiße Fäden aus der nassen Erde tauchen – ein Meßgerät sollte dies Trinken und Seufzen hörbar machen, nun trinkt auch die Erde sich an, als ihr Gerülpse möchte man sich die Luftblasen deuten.

zuzusehen, wie rasch Erschöpftes sich erholt, wie die Blätter sich straffen und die Köpfe sich heben, und da von nun an nicht mehr auf Vorrat getrunken werden muß, sondern allmorgens ein ausgiebiges Frühstück, manchmal auch eine Zehn-Uhr-Jause, vorsorgt für den Tag, lassen sie auch das Moos ihrer Mauer mittrinken.

in Bewegungen des Mähens und Sichelns Wasserteppiche über die Beete zu legen, mithilfe einer zweiten Kanne ist dem Ermüden in liebereichem Tun zuvorzukommen, in einem Wettlauf: ohne daß die weiter entfernten Beete hastiger abzuspeisen wären, will ich mit der leeren Kanne an der Wasserstelle zurück sein, ehe das über der anderen aufgedrehte Wasser überläuft,

Vorhergehende Seiten:
eine rose ist
eine rose ist
eine rose.
(Gertrude Stein)

Tag, der mit solch einem Ende kein vertaner Tag gewesen sein kann; verschwitzt und durchnäßt sich die erdigen Füße abzuspülen.

anders die Frühmorgenbesuche. aus der Nachtkühle zu ihnen in die Morgensonne zu treten, kühl ihre Tonhäuser, feucht noch die Erde, und fruchtlose Nachtgedanken lösen sich auf: in kleinen Schönheitsoperationen Welkes und Dürres herauszuschneiden, an ausgeblühten Fuchsienköpfen zu probieren, ob sie nicht wie ein Milchzahn nur mehr an einem Faden hängen, die Petunien nach klebrig verschlossenen Trichtern abzusuchen, die infizieren die anderen mit Leichengift, dies und das in die richtige Haltung zu drücken – wie aber wäre einem aus der Pflicht, sich mit Blumen abzugeben, ein Bedürfnis geworden, das abgestorbene Gefühle wiedererwecken werde, wenn man viele Male blind an denen vorübergeht, die unter einem Regendach nichts bekommen von dem bald eine Woche dauernden Regen, nur von der feuchten Luft am Leben erhalten!

am Küchenfenster zu lehnen, hoch und strohig die Distel- und Kümmelwiese, zu steinig, um gemäht zu werden – Distelfinken sitzen auf Distelblüten, auch Gimpel auf Samenpflanzen, indem sie, ihre schweren Körper leichter zu machen, wie Kolibris mit den Flügeln schlagen; ein Strauch von vielen bunten Blumen belebt, es sind Schmetterlinge; von den Leintüchern an der Wäscheleine trinken sie, Tau von weißen Riesenblüten.

unter der Linde zu sitzen, hinaufzuschauen in die niedergehenden Samen, wie auf Kommando springen sie ab – elegante Schraubenbewegung, beschleunigt und verzögert davon, daß das Deckblatt, in der Horizontalen gehalten von der an einem Fadenstiel hängenden Frucht, als ein einflügeliger Propeller und Ventilator sich dreht, daher auch als ein Fallschirm auf einem Luftpolster sich hält, während die pendelnde Frucht den Flug auf den rechten Landeplatz ruckt. anhaltende Invasion vor Gewitter und Sturm.

spätabends auf der Terrassenmauer stillzusitzen, das Licht der Gartenlaterne wird die Schleiereule im Darüberhinwegfliegen durchsichtig erscheinen machen, stumm ihr Flügelschlag; und wenn sie niedergeht, wie Hände die Flügel gehoben, ein Bild von Abwehr ihr Angriff (er gilt einer der Mäuse, die unter den Terrassensteinen wohnen).

Augustnächte des Gartens, Lindenblütengeruch und weiße Sterne, die die Wölbung der Himmelshöhe vertiefen und ohne zu leuchten deren Tiefe aufhellen – so fern ist dieser Himmel unter anderen Himmeln mir gerückt, als wäre er nur ein Traumbild gewesen; aber noch immer das Heimweh der Ausgewanderten und Verbannten nach den Phloxstauden – lang vor dem Ende meiner Zeit haben die eckigen Blütenblätter es ausgeströmt.

Impoea, die Trichterwinde:
die prächtige Schwester der
gemeinen Zaunwinde.

Friedrich Rückert

Den Gärtnern

Ich zog eine Wind' am Zaune;
Und was sich nicht wollte winden
Von Ranken nach meiner Laune,
Begann ich denn anzubinden
Und dachte, für meine Mühen
Sollt' es nun fröhlich blühen.

Doch bald hab' ich gefunden,
Daß ich umsonst mich mühte;
Nicht, was ich angebunden,
War, was am schönsten blühte,
Sondern was ich ließ ranken
Nach seinen eignen Gedanken.

Mike Dash

Eine türkische Geschichte

Eine türkische Geschichte macht deutlich, warum Gärten einen so hohen Stellenwert einnehmen. Als Hasan Efendi, ein berühmter heiliger Derwisch, eines Tages der Menge predigte, überreichte ihm einer seiner Zuhörer eine Notiz. Sie beinhaltete die Frage, ob sich irgendein Muslim sicher sein könne, ins Paradies zu kommen, wenn er starb. Nachdem Hasan seine Predigt beendet hatte, fragte er, ob unter den Anwesenden ein Gärtner sei. Als einer aus der Versammlung aufstand, deutete Hasan auf ihn und sagte: «Dieser Mann wird in den Himmel kommen.» Sofort war der Derwisch von einer Menschenmenge umgeben, die wissen wollte, was der Gärtner getan hatte, das ihm einen Platz im Paradies sicherte. Aber Hasan erklärte, daß er nur aus den Hadith zitiert habe – den mündlich überlieferten Aussprüchen des Propheten Mohammed –, in denen es heißt, daß die Menschen in ihrem Leben nach dem Tod das tun werden, was ihnen auf Erden am meisten Freude bereitet habe. Und weil alle Blumen dem Himmel gehören, würden Gärtner ganz gewiß ins Paradies gelangen, um dort ihre Arbeit fortzusetzen.

Paradiesische
Verhältnisse.

Wonne im Garten

«Ich bin vernarrt in meinen Garten. Wenn ich mich nicht mit ihm beschäftige, betrachte ich ihn vom Balkon aus, wie ein Maler sein Werk.»

Peter Würth

Ein Gartenbild wie ein Gemälde.

Die Nachtviole, ein
Gast aus dem Wald.

Johann Wolfgang von Goethe

Weit und schön ist die Welt

Weit und schön ist die Welt, doch o wie dank ich dem Himmel,
Daß ein Gärtchen, beschränkt, zierlich, mein eigen gehört.
Bringet mich wieder nach Hause! was hat ein Gärtner zu reisen?
Ehre bringt's ihm und Glück, wenn er sein Gärtchen versorgt.

Gärten

Es ist ganz gleich, ob ein Garten klein oder groß ist: Was die Möglichkeiten seiner Schönheit betrifft, so ist seine Ausdehnung so gleichgültig, wie es gleichgültig ist, ob ein Bild groß oder klein, ob ein Gedicht zehn oder hundert Zeilen lang ist. Die Möglichkeiten der Schönheit, die sich in einem Raum von fünfzehn Schritt im Geviert, umgeben von vier Mauern, entfalten können, sind einfach unmeßbar. Es können im Hof eines Bauernhauses eine alte Linde und ein gekrümmter Nußbaum beisammenstehen und zwischen ihnen im Rasen durch eine Rinne aus glänzenden Steinen das Wasser aus dem Brunnentrog ablaufen, und es kann ein Anblick sein, der durchs Auge hindurch die Seele so ausfüllt wie kein Claude Lorrain. Ein einziger alter Ahorn adelt einen ganzen Garten, eine einzige majestätische Buche, eine einzige riesige Kastanie, die die halbe Nacht in ihrer Krone trägt. Aber es müssen nicht große Bäume sein, sowenig als auf einem Bild ein dunkelglühendes Rot oder ein prangendes Gelb auch nur an einer Stelle vorkommen muß. Hier wie dort hängt die Schönheit nicht an irgendeiner Materie. Die Japaner machen eine Welt von Schönheit mit der Art, wie sie ein paar ungleiche Steine in einen samtgrünen, dicken Rasen legen, mit den Kurven, wie sie einen kleinen kristallhellen Wasserlauf sich biegen lassen, mit der Kraft des Rhythmus, wie sie ein paar Sträucher, wie sie einen Strauch und einen zwerghaften Baum gegeneinanderstellen, und das alles in einem offenen Garten von soviel Bodenfläche wie eines unserer Zimmer. Aber von dieser Feinfühligkeit sind wir noch weltenweit, unsere Augen, unsere Hände (auch unsere Seele, denn was wahrhaft in der Seele ist, das ist auch in den Händen); immerhin kommen wir allmählich wieder dorthin zurück, wo unsere Großväter waren, oder mindestens unsere naiveren Urgroßväter: die Harmonie der Dinge zu fühlen, aus denen ein Garten zusammengesetzt ist: daß sie untereinander harmonisch sind, daß sie einander etwas zu sagen haben, daß in ihrem Miteinanderleben eine Seele ist, so wie die Worte des Gedichtes und die Farben des Bildes einander anglühen, eines das andere schwingen und leben machen.

Ein alter Garten ist immer beseelt. Der seelenloseste Garten braucht nur zu verwildern, um sich zu beseelen. Es entsteht unter diesen schweigenden grünen Kreaturen ein stummes Suchen und Fliehen, Anklammern und Ausweichen, eine solche Atmosphäre von Liebe und Furcht, daß es fast beklemmend ist, unter ihnen allein zu sein. Und doch sollte es nichts Beseelteres geben als einen kleinen Garten, in dem die lebende Seele seines Gärtners webt. Es sollte hier überall die Spur einer Hand sein, die zauberhaft das Eigenleben aller dieser stummen Geschöpfe hervorholt, reinigt, gleichsam badet und stark und leuchtend macht. Der Gärtner tut mit seinen Sträuchern und Stauden, was der Dichter mit den Worten tut: er stellt sie so zusammen, daß sie zugleich neu und seltsam scheinen und zugleich auch wie

Die heimische gelbe Sumpfiris gehört zu den geschützen Pflanzen. Unter günstigen Bedingungen bildet sie im Garten große Horste und sät sich auch willig aus.

zum erstenmal ganz sich selbst bedeuten, sich auf sich selbst besinnen. Das Zusammenstellen oder Auseinanderstellen ist alles: denn ein Strauch oder eine Staude ist für sich allein weder hoch noch niedrig, weder unedel noch edel, weder üppig noch schlank: erst seine Nachbarschaft macht ihn dazu, erst die Mauer, an der er schattet, das Beet, aus dem er sich hebt, geben ihm Gestalt und Miene. Dies alles ist ein rechtes ABC, und ich habe Furcht, es könnte trotzdem scheinen, ich rede von raffinierten Dingen. Aber ein jeder Blumengarten hat die Harmonie, die ich meine: seine Pelargonien im Fenster, seine Malven am Gatter, seine Kohlköpfe in der Erde, das Wasser dazwischenhin und, weil das Wasser schon da ist, Büschel Schwertlilien und Vergißmeinnicht dabei, und wenn's hoch kommt, neben dem Basilikum ein Beet Federnelken, das alles ist einander zugeordnet und leuchtet eins durchs andere. Gleicherweise hat jeder ältere Garten, der zu einem bürgerlichen oder adeligen Haus gehört, seine Harmonie, ich rede von Gärten, die heute mehr als sechzig Jahre alt sind: da hat jeder größere Baum seinen Frieden um sich und streut seinen Schatten auf einen schönen, stillen Fleck oder auf einen breiten, geraden, rechtschaffenen Weg, die Blumen sind dort, wo sie wollen und sollen, als hätte die Sonne selbst sie aus der Erde hervorgeglüht, und der Efeu hat sich mit jedem Stück Holz und Mauer zusammengelebt, als könnte eins ohne das andere nicht sein. Das ist aber nicht bloß der edle Rost, den die Zeit über die angefaßten Dinge bringt, sondern auch die Anlage, deren selbstsichere Simplizität die paar Elemente der ganzen Kunst in sich hält.

Es hat nicht jeder einen alten Garten bei seinem Hause, und wer heute baut, soll nicht einen alten Garten kopieren, sondern ihm seine paar Wahrheiten ablernen. Wer heute einen Garten anlegt, hat eine feinfühligere Zeit darin auszudrücken, als die unserer Urgroßväter anno Metternich und Bäuerle war. Er hat eine so merkwürdige, innerlich schwingende, geheimnisvolle Zeit auszudrücken, als nur je eine war, eine unendlich beziehungsvolle Zeit, eine Zeit, beladen mit Vergangenheit und bebend vom Gefühl der Zukunft, eine Generation, deren Sensibilität unendlich groß und unendlich unsicher und zugleich die Quelle maßloser Schmerzen und unberechenbarer Beglückungen ist. Irgendwie wird er mit der Anlage dieses Gartens seine stumme Biographie schreiben, so wie er sie mit der Zusammenstellung der Möbel in seinen Zimmern schreibt. Der Ausgleich zwischen dem Bürgerlichen und dem Künstlerischen (es gibt im Grunde nichts, was dem Dichten so nahesteht, als ein Stück lebendiger Natur nach seiner Phantasie umzugestalten), der Ausgleich zwischen dem Netten und dem Pittoresken, der Ausgleich zwischen dem Persönlichen und der allgemeinen Tradition, dies alles wird unseren neuen Gärten ihre nie zu verwischenden Physiognomien geben. Sie werden da sein und werden ganz etwas Bestimmtes sein, eine jener Chiffren, die eine Zeit zurückläßt für die Zeiten, die nach ihr kommen. Es werden Gärten sein, in denen die Luft und der freigelassene Raum eine größere Rolle spielen wird als in irgendwelchen früheren Zeiten. Nichts wird ihre ganze Atmosphäre so stark bestimmen als die überall fühlbare Angst vor Überladung, eine vibrierende, nie einschlafende Zurückhaltung und eine schrankenlose Andacht zum Einzelnen. Es wird unendlich viel freie Luft nötig sein,

Vorhergehende Seiten:
«Das Wasser zwischenhin.»

Ganz und gar nicht ordinär: der Fingerhut.

um diesem Trieb für das Einzelne so stark nachzuhängen, als er mächtig sein wird. Denn er wird zunächst die ganze Sensibilität dessen ausfüllen, der einen Garten anlegt. Fürs erste wird nichts da sein als ein unendlicher Hunger und Durst nach dem Erfassen der einzelnen Elemente der Schönheit. Man wird sich besinnen, daß man niemals den einzelnen Strauch genossen hat, niemals die einzelne Staude, niemals die einzelne Blume, kaum jemals den einzelnen Baum. Denn immer hatte die Gruppe den einzeln blühenden Strauch verschlungen, das Boskett alles zu einem formlosen Knäuel von Grün vermengt. Die Reaktion gegen diesen gärtnerischen Begriff der «Gruppe» wird heftig sein und von unberechenbarer Fruchtbarkeit, denn man wird erkennen, daß die «Gruppe» den ganzen Reiz der individuellen und so bestimmten Formen verschluckt hat, um an seine Stelle ihre eigenen schablonenhaften Formen zu setzen.

Die Gärtner der neuen Gärten aber werden für sich mit Leidenschaft zunächst die einfachsten Elemente, die geometrischen Elemente der Schönheit, wiedererobern. Dieser Leidenschaft wird fürs erste alles andere weichen, selbst das Bedürfnis nach Schatten. Man möchte schon heute wünschen, es möge die Periode nicht zu kurz sein, in der eine frisch geweckte Feinfühligkeit sich satt trinkt an der Schönheit des Einzelnen: die gefühlte Form eines überhängenden Busches, die gefühlte Form des noch blütenlosen Schaftes der Taglilie, die gefühlten Formen der einzelnen Rispe, der einzelnen Staude, des einzelnen Blümchens, gefühlt mit der äußersten Intimität des Mannes, der jeden Keim in seinem Garten kennt, an jedes glänzende Blatt mit dem Auge gerührt, jeden jungen Trieb in zarten Fingern gewogen und um seine Kraft gefragt hat: auf diesen Elementen wird die zarte, zurückhaltende Harmonie des neuen Gartens ruhen, und die Farbe wird nur das Letzte an Glanz hineinbringen wie das Auge in einem Gesicht. Eine nie aussetzende respektvolle Liebe für das Einzelne wird immer das Besondere an diesem Garten sein. Nicht leicht wird sich die Farbe eines leuchtenden Beetes wiederholen, und ein schön blühender Strauch wird nirgends da und dort seinen Zwillingsbruder haben.

Ich weiß nicht, was bedeutender und schöner sein kann, als wenn den noch mächtigen, starrenden Strunk eines abgestorbenen Baumes eine wuchernde Rose oder eine dunkelrote Clematis überspinnt; dies ist ein Anblick, in dem etwas Sentimentales sich mit einem ganz primitiven Vergnügen mischt, das Tote vom Leben zugedeckt zu sehen. Aber wenn ich das in einem Garten dreimal finde, so ist es degradiert, und mir wäre lieber, man hätte den Strunk ausgehauen und die Rose an der Stallmauer hinaufgezogen. Ich weiß aus der Zeit, da ich fünf Jahre alt war, was für die Phantasie eines Kindes der Strauch mit den fliegenden Herzen ist. Wären ihrer sechs davon in dem Garten gewesen statt des einen, der in einer Ecke stand, unweit eines alten, unheimlichen Bottichs, unter dem die Kröte wohnte, aus den sechs hätte ich mir wenig gemacht: der eine war mir wie der Vertraute einer Königstochter. Wir dürfen in diesen Dingen keine abgestumpftere Phantasie haben als ein fünfjähriges Kind und müssen fühlen, wie die Vielzahl ein Zaubermittel ist, das wir brauchen dürfen, um den Rhythmus zu schaffen, das aber alles verdirbt, wo wir sie gedankenlos wuchern lassen.

Vor längerer Zeit fragte mich eine ältere gebildete Dame, ob ich die gefüllte Pelargonie nicht eine ordinäre Blume fände. Ich glaube, heute gibt es niemanden mehr, der eine Blume ordinär findet. Wir haben eine lebendige Sensibilität für alle Blumen und wissen mit Akelei, Fingerhut und Rittersporn auch etwas anzufangen. (Nach und nach werden wir wieder reich genug sein, um aus dem Garten zurückzukommen und in ein großes Glas alle Blumen zusammenzustecken, die auf einem schönen holländischen Blumenstück sind.) Dazu akklimatisieren wir den Rhododendron und die Azalee, machen den Flieder doppelt, färben die Hortensia blau und die Schwertlilie blaßrot und werden von Jahr zu Jahr reicher. So müssen wir uns doch nicht länger mit der abscheulichen Gewohnheit schleppen, so fremde und unglückliche Geschöpfe in unsere Gärten zu tun, wie es die Palmen sind, sowohl die Fächerpalme als die von der Gattung Phönix. Das gleiche meine ich von der Musa, der Yucca und anderen Gewächsen, die in unseren Gärten vorkommen wie die gräßlichen exotischen Fremdworte in den Gedichten von Freiligrath, die wir im Gymnasium lesen mußten. Es ist zu denken, daß diese tristen Geschöpfe zugleich mit dem Kultus der «Gruppe» aus unseren Gärten verschwinden werden, deren Krönung sie ja bilden. Jedenfalls wird der Geist, dem die «Gruppe» so unerträglich sein wird, wie einer gewissen Epoche der Malerei der Begriff der «Komposition» war, dieser Geist wird solche Fremdlinge jedenfalls hinaustreiben. Denn sie sind so entsetzlich und unheilbar heimatlos bei uns, daß sie einen ganzen Garten traurig und häßlich machen, wenn auch nur ihrer zwei oder drei darin herumstehen. Es gehört eine besondere Stumpfheit dazu, um nicht zu fühlen, daß alles an ihnen, die Nuance ihres Grüns, das Gewebe ihrer Wedel, ihr ganzes Dastehen, in den lautesten Tönen gegen die Umgebung schreit, gegen den Rasen, aus dem sie nicht hervorgewachsen sind, gegen die Büsche und Bäume, mit denen sie nichts gemein haben, gegen das Licht, das ihnen zu wenig stark ist, in dem sie nicht flirren und schwimmen, ja gegen die Luft selber, die sie hassen. Ich spreche von ihnen sowohl um ihrer selbst willen und ihrer verstimmenden Gegenwart, die in einen kleinen Garten alle Traurigkeit eines mit falschem Luxus möblierten Zimmers bringt, als auch wie von einem Symbol. Denn in dem Garten, in dessen Anlage nur irgend etwas gefühlt ist, dessen Wiener Luft und dessen Wiener Boden von dem empfunden werden, der noch keinen Strauch und keine Staude in den kahlen, erwartungsvollen Grund gesetzt hat, wird für sie kein Platz mehr sein.

Heinrich Heine

Ich wandle unter Blumen

Ich wandle unter Blumen
Und blühe selber mit;
Ich wandle wie im Traume
Und schwanke bei jedem Schritt.

O halt mich fest, Geliebte!
Vor Liebestrunkenheit
Fall ich dir sonst zu Füßen,
Und der Garten ist voller Leut.

H. C. Artmann

die glühwürmchen ah!
schau gnomenlampione
schwirren im garten.

Da Glühwürmchen so ganz und gar nicht photogen sind: Ein paar Duftwicken, Freude für Aug' und Nase.

Rainer Maria Rilke

Rosa Hortensie

Wer nahm das Rosa an? Wer wußte auch,
daß es sich sammelte in diesen Dolden?
Wie Dinge unter Gold, die sich entgolden,
entröten sie sich sanft, wie im Gebrauch.

Daß sie für solches Rosa nichts verlangen,
bleibt es für sie und lächelt aus der Luft?
Sind Engel da, es zärtlich zu empfangen,
wenn es vergeht, großmütig wie ein Duft?

Oder vielleicht auch geben sie es preis,
damit es nie erführe vom Verblühn.
Doch unter diesem Rosa hat ein Grün
gehorcht, das jetzt verwelkt und alles weiß.

Wer Hortensien nur in ihrer Muttertagsausstattung kennt, versäumt viel von ihrer Schönheit.

Nächste Seiten: Tellerhortensien sind eleganter als ihre üppigen Schwestern, aber im Vergrünen nicht weniger eindrucksvoll.

Michael Donhauser

Und die Dahlien

Und die Dahlien, die entlang und ragen
Überhängen, so strahlenköpfig und blühen
So bedenkenlos oder mir jetzt nach, wenn
Wie langher ermüdet hinaus ich und gehe
Täglich oder bleibe und wie sie so stehen
So hingegeben ihrem dem Blühen, als gäbe es
Und noch die Blumen, so reinweiß und gelb
Mit dem Gelb der Blätter, dem Fallen, dem
Laub und so rosa am Abend und violettblau
Schwarzbraun oder lila, so lichtlächelnd
Sehnsüchtig, gutgläubig, herbstzeitlos

Nicht jeder ist ein Freund der Dahlien: Je unaufdringlicher, desto eleganter sind sie.

Elisabeth Borchers

Was alles braucht's zum Paradies

Ein Warten ein Garten
eine Mauer darum
ein Tor mit viel Schloß und Riegel
ein Schwert eine Schneide aus Morgenlicht
ein Rauschen aus Blättern und Bächen
ein Flöten ein Harfen ein Zirpen
ein Schnauben (von lieblicher Art)
Arzneien aus Balsam und Düften
viel Immergrün und Nimmerschwarz
kein Plagen Klagen Hoffen
kein Ja kein Nein kein Widerspruch
ein Freudenlaut
ein allerlei Wiegen und Wogen
das Spielzeug eine Acht aus Gold
ein Heute und kein Morgen
der Zeitvertreib das Wunder
das Testament aus warmem Schnee
wer kommt wer ginge wieder
Wir werden es erfragen.

Die Feuerbohnen können
es nicht erwarten, sie
wollen schon jetzt hinauf
ins Paradies.

Lob auf den Juni

Der Mai umschmeichelte uns mit Kirsch-, Kastanien- und Apfelblüten. Fliederduft und der Blütenschaum der Schlehen verwirren uns, so daß wir die schlichteren Blüten des Junis kaum beachten.

Aber alles Grün ist am grünsten im Juni, wenn der Holunder uns seinen südlichen Duft auf weißen Tellern hinhält, die sich später im Jahr mit blauschwarzen Beeren füllen.

Am Wegrand stehen die Heckenrosen; zart ist ihr Rosa, scheu ist ihr Duft, glanzrot sind später die Hagebutten. Der Ginster bringt uns das Märchengold der Kindheit zurück, während hinter den Goldtropfen bereits die Entwürfe seiner haarigen Schoten auf ihre Verwirklichung warten. Das strebende Blau der steilen Lupinen bereitet den Weitsprung der Samen vor, und das Labkraut preist sich mit Honigduft an. Die versteinten Robinien münzen gesammelten Stickstoff zu Trauben aus Blüten um, deren Duft die Bienen von weither herbeiruft. Der Nelkenwurz sorgt mit gelben Insektenreizen schon für die buntborstigen Samenkugeln. Das Flirren und Sirren von Käfer- und Bienenflügeln um die strohfarbenen Lindenblüten summiert sich zum Brausen. Erinnerungen ziehen herauf: Jener Orgelbaum, der den Hof des Elternhauses eindunkelte; jener milde Lindenblütenduft, der durchs geöffnete Schlafkammerfenster bis in unsere Träume drang; jener duftende Dampf vom Aufguß der getrockneten Blüten, der die jachen Fieber der Kindheit dämmte.

Nicht zu reden von Gräsern und Kräutern. Der Mai ließ sie wachsen, aber der Juni öffnet ihnen die Knospen. Die Rehe setzen ihre Kitze in die blühenden Graswälder zwischen Hahnenfuß, Glockenblumen und Klee.

Niemand kann hinreichend erklären, weshalb die Nachtnelke ihren Duft tagsüber für die Juniabende zurückhält. Man könnte den alten Kinderstreit heraufbeschwören: Was war früher da, die Henne oder das Ei? Sorgen die Nachtnelken mit ihrem Nektar für das Fortbestehen der Nachtfalter, oder sorgen die Nachtfalter mit ihren zitternden Flügeln für das Fortbestehen der Nachtnelken?

Das alles geschieht im Juni, wenn in den Nächten ein Streif Tag über den Wäldern stehenbleibt bis zum Morgendämmern.

Über den Mai wurden viele Gedichte geschrieben, aber wer schrieb eines über den Juni? Hat es den Dichtern das Wort «Mai» angetan, das sich willig auf «tarandei», «frei» und «vorbei» reimt? Wie auch immer und meinetwegen, aber unterschätzt mir den Juni nicht, den Juni mit den wandernden Blütenstaubwolken des Korns!

Zu den Gartenwonnen gehört auch die Augenweide an tierischen Schönheiten. Besonders willkommen sind jene, die uns nicht in einen Konflikt bringen zwischen Bewunderung und dem dringenden Wunsch, Pflanzenschützlinge vor ihrer Freßlust zu bewahren.

Roland Rainer

Bäume

Bäume bestimmen den Charakter der verschiedensten Landschaften weithin – Olivenhaine, Weingärten und Obstkulturen nicht weniger als der Bambus Chinas, die Zypressen der Toskana oder die Lärchen und Zirben der Alpen; und bestimmte Bäume sind ebenso typisch für die Siedlungen bestimmter Landschaften: Die aus geschnittenen Platanen gebildeten Dächer über den Straßen, Plätzen und Promenaden Frankreichs, die Linde am Dorfplatz oder als weithin sichtbarer Beschützer eines Bildstockes, der Nußbaum im Hof oder die Zypressen, die mediterrane Friedhöfe auf weite Entfernung bezeichnen.

Bäume verteidigen die Grenzen der bewohnbaren, kultivierbaren Zone im Hochgebirge. Seifert hat frühzeitig darauf hingewiesen, wie sehr Alleen, Bäume und Hecken in den Feldern, die «Baum»- und «Heckenlandschaften», durch Windschutz und Vogelschutz die Bodenfruchtbarkeit erhalten – wie die Normandie, Schleswig-Holstein und österreichische Voralpenlandschaften zeigen. Bäume an den Straßen bilden darüber hinaus Leitlinien für die Scheinwerfer der Autos; sie dem «Verkehr» zu opfern, hat sich als verkehrstechnisch und verkehrspsychologisch sinnlos und falsch erwiesen. Im Garten geben uns Bäume Blüten, Früchte und Laub für den Kompost, aber «mindestens» Schatten und Windschutz, Sauerstoff, Luftfeuchtigkeit und damit Kühlung. Ein großer Baum verdunstet im Tag etwa 70 Liter Wasser, das entspricht einer Kühlleistung von etwa 40.000 kcal, und dem stündlichen Sauerstoffbedarf eines Menschen von etwa 18 Liter stehen eine Produktion von 5 Liter Sauerstoff durch 1 m Rasenfläche, aber von mehr als 10 Liter durch 1 m Wald gegenüber – während die Verbrennung von 10 Liter Benzin rund 20.000 Liter Sauerstoff verbraucht. Der Laubbaum vor dem Fenster, der im Sommer Schatten gibt und im Winter Sonne durchläßt, ist eine Klimaanlage, die im Gegensatz zur technischen weder Anlage- noch Wartungskosten verursacht, keine Energie verbraucht, sich den Jahreszeiten entsprechend selbst reguliert und vor allem – im Gegensatz zu allem anderen – von Jahr zu Jahr größer und wirksamer wird.

Die lange Lebenszeit, in der ein Baum immer mächtiger und schöner wird, widerlegt die Furcht und Skepsis einer neuerungssüchtigen Zeit vor dem Altern und hat den Baum seit jeher zum Sinnbild der Lebenskraft, des Lebens überhaupt gemacht. So ist er als «Weltenbaum», als Sitz der Götter und Mittelpunkt des Kosmos eine zentrale Figur aller Mythologie.

Buddha saß im Augenblick der Erleuchtung am Fuße des Himalaja unter einem riesigen Bodhibaum, der seither den Buddhisten als «Baum der Erleuchtung» heilig ist.

Im Vorderen Orient gilt die Palme als Sinnbild des Lebens, der eine Palme erkletternde Mann ist Sinnbild des zu hoher Erkenntnis aufsteigenden Menschen.

In den islamischen Ländern sind Lebensbäume auf Gebetsteppichen zu sehen. Auf einem Schamanengewand erwächst ein Baum dem Toten- und Seelenschiff, das den Schamanen während der Ekstase in die jenseitige Welt trägt. Seine Seele steigt vom Schiff auf den kosmischen Baum, die Weltachse empor in den Himmel.

«Empor in den Himmel.»

Erich Kästner

Ein Baum läßt grüßen

Man reist von einer Stadt zur andern Stadt.
Vier Schinkenbrote hat man schon gegessen.
Der Zug fährt gut. Die Fahrt geht glatt.
Man rechnet aus, ob man Verspätung hat,
und fühlt sich frei von höhern Interessen.

Man blickt durchs Fenster. Gänzlich ohne Zweck.
Man könnte ebenso die Augen schließen.
Dann schielt man nach dem Handgepäck.
Am Zug tanzt Schnee vorbei. Ein Dorf im Dreck.
Und Rhomboide. Doch das sind sonst Wiesen.
Man gähnt. Und ist zu faul, die Hand zu nehmen.
Man überlegt schon, ob man müde ist ...
Die Dame rechts soll sich was schämen!
Wenn ihre Hüften bloß nicht näher kämen!
Wie schnell der Mensch das Müdesein vergißt.

Man überlegt sich, ob man ihr entweiche.
Sie lehnt sich an. Und tut, als wär's im Traum.
Da sieht man draußen plötzlich eine Eiche!
Es kann auch Ahorn sein. Das ist das gleiche.
Denn eins steht fest: Es ist ein Baum!
Und da entsinnt man sich. Und ist entsetzt:
Seit zwanzig Jahren sah man keine Felder!
Das heißt, man sah sie wohl. Doch nicht wie jetzt!

Wann sah man denn ein Blumenbeet zuletzt?
Und wann zum letzten Male Birkenwälder?
Man hat vergessen, daß es Gärten gibt.
Und kleine Vögel drin, die abends flöten.
Und blaue Veilchen, die die Mutter liebt ...
Und während sich die Dame näherschiebt,
greift man gefaßt zu weitren Schinkenbröten.

Solch ein Gruß des Baumes kann auch als Einladung verstanden werden: Komm und bediene dich!

Wulf Kirsten

gartengrasmücke

eine grasmücke singt
draußen im gesträuch,
vogelkehlenüberschwang,
sommerlang, gartenumringt.

eine grasmücke schmettert
unermüdlich ihre strophe
hinterm gartenzaun,
morsch und abgewettert.

eine grasmücke schlägt
unverdrossen ihr melodisch lied
drüben im holunderbusch,
doldenbeglänzt, sternübersät.

eine grasmücke feiert
keine triumphe, grauschmieger
huscht durch die hecken,
dornbewehrt, laubverschleiert.

eine grasmücke singt versteckt
oben in den ahornzweigen,
voller inbrunst hebt sie an,
grüngefriedet, laubverdeckt.

Hecken, den Vögeln zur Freud'.

W i d e r s a c h e r i m G a r t e n

d e r m a u l w u r f s c h l u g z u
i c h e b n e m i t d e m r e c h e n
f l u c h e n d d i e h ü g e l
H . C . A r t m a n n

Ein Blick ins blinde Auge des Widersachers mildert die Wut des Gärtners.

Hermann Hesse

Der Gärtner träumt

Was hat die Traumfee in der Wunderbüchse?
Vor allem ein Gebirg von bestem Mist!
Dann einen Weg, auf dem kein Unkraut wüchse,
Ein Katzenpaar, das keinen Vogel frißt.

Ein Pulver auch, mit dem bestreut alsbald
Blattläuse sich in Rosenflor verwandeln,
Robinien jedoch zum Palmenwald,
Mit dessen Ernte wir gewinnreich handeln.

O Fee, und mache, daß uns Wasser flösse
An jedem Ort, den wir bepflanzt, besät;
Gib uns Spinat, der nie in Blüten schösse,
Und einen Schubkarrn, der von selber geht!

Und eines noch: ein sichres Mäusegift,
Den Wetterzauber gegen Hageltücken,
Vom Stall zum Hause einen kleinen Lift
Und jeden Abend einen neuen Rücken.

Einer der schlimmsten Widersacher im Garten ist der Frost zur Unzeit. Die Obstbaumblüten sollen durch eine schützende Eisschicht vor dem Erfrieren bewahrt werden.

Kampf den Feinden

Nicht alle lieben meinen Garten so wie ich. Oder besser: Sie lieben ihn sogar noch mehr als ich. Jedenfalls muß ich meinen heißgeliebten Garten mit anderen teilen, die ihn nicht so schonend behandeln wie ich. Mit Gartenfreunden, die sich an ihm gütlich tun, ihn als ihr Spezialitätenrestaurant und ihre Spielwiese ansehen.

Hemmungslos genießen sie ihn und seine Früchte. Sie nehmen keine Rücksicht auf mich, der ich so viel Arbeit und Geld hineingesteckt habe. Sie nutzen die Gutmütigkeit aus, mit der ich immer wieder für Nachschub sorge.

Über die Vögel, die meine Johannisbeeren und Himbeeren fressen, kann ich mich nicht groß aufregen. Hunger haben wir schließlich alle, Beeren kann ich am Markt kaufen, und die Schönheit des Gartens würden flirrende Metallstreifen oder gar eine Vogelscheuche wesentlich mehr stören.

Die Wespen, die die reifen Birnen anknabbern, können auch mit Vergebung rechnen. Birnen haben wir schließlich genug. Außerdem sind die Waffen ungleich verteilt: Mit Wespenstacheln lege ich mich ungern an.

Mit bösen Konsequenzen aber müssen zum Beispiel Blattläuse auf den Rosen rechnen. Diese hartnäckigen kleinen grünen Biester können einen zur Verzweiflung treiben. Zwar bietet jedes Gartengeschäft ganze Regale voller Gegenmittel, aber wer will sein schönes Stück Natur schon mit Chemie vollpumpen? Natürlich gibt es auch noch eine ganze Reihe absolut sicherer Hausmittelchen, die garantiert helfen sollen. Seifenlauge oder Tabaksud zum Beispiel.

Nachbars schwarzer Kater Munkel hat derlei Behandlung nicht zu fürchten, obwohl wir auch ihn lieber von hinten sehen. Dieses schwarze Vieh stammt vermutlich direkt von einem südamerikanischen Puma ab und hat dessen kriegerische Eigenschaften noch in den Genen. Obwohl sein Besitzer ihm sogar ein Glöckchen umgehängt hat, gelingt es Munkel immer wieder, sich einen Vogel zu schnappen. Mit dem halbtoten Tier spielt er dann so lange, bis der Vogel erschöpft zusammenbricht, worauf Munkel seine Beute stolz durch alle Nachbargärten schleift. Wenn man einen Garten hat, um wahre Harmonie zu erleben, Ruhe und Frieden zu genießen, kommen einem derartige Rituale der Natur seltsam archaisch vor. Allzuviel natürliches Verhalten will man im eigenen Garten dann ja auch wieder nicht erleben.

Ich betrachte Munkel jedenfalls als ausgesprochen unangenehmen Eindringling in meinen friedlichen Garten und verjage das Biest mit einem gezielten Strahl aus dem Gartenschlauch. Und unsere Nachbarin zur Linken hat sich gar eine riesige, vermutlich waffenscheinpflichtige Wasserpistole gekauft, um sich, ihren Garten und ihre nicht so wehrhafte Katze vor den Übergriffen des schwarzen Katers zu schützen.

Rosen trotzen den Läusen:
Welch eine Pracht!

Der größte Feind meines Gartens, und da wird mir jeder Leidensgenosse zustimmen, aber sind die Schnecken. Harmlos aussehende braune Tierchen von äußerst

gefräßigem Wesen. Wer nie einen Garten und somit auch nie Schnecken gehabt hat, vermag sich nicht vorzustellen, was einige wenige Exemplare dieser Gattung anrichten können. Noch nie ist es uns in fünf Jahren etwa gelungen, Lupinen zur Blüte zu bringen. Immer waren die Schnecken schneller. Ratzfatz fraßen sie die zarten Pflanzen wenige Tage, nachdem ich sie gepflanzt hatte, auf. Meistens war nicht einmal mehr die geringste Spur von den Lupinen zu entdecken, so daß ich mich ernsthaft fragte, ob ich sie je eingepflanzt hatte.

Für Schnecken hat niemand Sympathie. Sie sind nicht süß und pelzig, sie haben keine guten Seiten wie die Frösche, die die lästigen Mücken vertilgen, und die Arten, die in unsereiner Garten leben, sind auch keine leckere Vorspeise. Sie sind eklig, zäh, und sie gehen mit dem Garten mindestens ebenso zerstörerisch um wie Conan, der Barbar, mit seinen Feinden.

Also gibt es für sie kein Pardon.

Es gibt viele Arten, Schnecken um die Ecke zu bringen, und jeder Gärtner weiß mit diabolischem Grinsen noch eine weitere Variante zu erzählen. Die sanfteste Methode sind gezackte Schneckenzäune, die man rund um den Garten eingräbt. Schnecken können nicht darüberklettern, und der Garten bleibt sauber. Wenn er es denn vorher war. Ansonsten freuen sich die Schnecken im Garten, weil sie jetzt mit niemand mehr teilen müssen. Außerdem sind Schneckenzäune sauteuer.

Wer sich nicht selbst die Hände schmutzig machen will, kauft den berühmten «Schneckentod», ein Chemieprodukt, das die Schnecken, die davon kosten, innerlich austrocknet und anderen Lebewesen angeblich nichts Böses antut. Bei allem Haß auf Schnecken stöhnt mein christliches Gewissen auf, wenn ich mir vorstelle, wie diese feuchtigkeitsbedürftigen Glibberdinger so gaaaanz laaangsam innerlich verdorren. Außerdem muß man die verkrümmten Leichen später zusammensammeln. Irgendwie paßt das auch wieder nicht zur Harmonie von Mensch und Natur in meinem Garten.

Eher anfreunden könnte ich mich mit der Biermethode. Dabei gräbt man alte Joghurtbecher im Garten ein und füllt sie mit Bier. Der Geruch lockt die Schnecken an, gierig wie sie sind, stürzen sie sich in die Becher und ertrinken im Bier. Immerhin ein schönerer Tod als Verdursten. Ein Freund, der die Methode ausprobierte, wußte von übergroßen Erfolgen zu berichten. Bier scheint den Schnecken ähnlich wichtig zu sein wie den Bayern. Von nah und fern kamen die Schnecken in seinen Garten, um sich einen Rausch anzusaufen. So viele Schnecken hatte er noch nie in seinem Garten gesehen. Täglich mußte er randvolle Becher voller ekliger, aufgeschwemmter Bierleichen entsorgen.

Angeblich schneckenfreundlich ist es, die Tierchen mit kochendem Wasser zu übergießen. Das garantiere ihnen einen schnellen Tod. Wer immer das behauptet, unterschlägt das Wesentliche dieser Methode: Man muß sie dafür nämlich erst einmal einsammeln. Schnecken pflegen aber nun einmal nicht an einem schönen Sonntagnachmittag vor dem Liegestuhl zu paradieren. Weil sie als schlaue Wesen Angst vor zu viel Sonne haben, kommen sie frühestens in der Dämmerung aus ihren Verstecken. Und auch dann schleichen sie sich geschützt unter Blättern durchs

Gelände und sind so leicht nicht zu erwischen. Wie viele Stunden habe ich abends mit Taschenlampe und Plastiktüte bewaffnet auf Schneckenjagd im Garten verbracht? Richtiggehend angesessen bin ich, bis ich irgendwo die glitzernde Schleimspur eines Feindes entdeckt habe.

Anders als meine brutalen Ratgeber habe ich es aber nie übers Herz gebracht, den gefräßigen Geschöpfen mit ihren winzigen Knopfaugen mit kochendem Wasser den Garaus zu machen. Und auch zu der Methode, die glitschigen Tierchen «einfach» mit der Schere zu zerschneiden, konnte ich mich nie durchringen. Am Anfang habe ich die Tüte voller Schnecken in den nächsten öffentlichen Park gebracht. Aber als ich gesehen habe, wie schnell die lieben Kleinen verschwunden waren, bekam ich doch Angst, sie würden rachedurstig den Weg nach Hause finden. Man weiß ja nie.

Seitdem mache ich die Plastiktüte immer ganz fest zu und stecke sie in die Mülltonne. Wenn der Schneckengott will, kann er sie ja von dort retten. Vielleicht kommen sie auf eine große Müllkippe, wo sie wie im Paradies leben können. Und ich bin dann moralisch aus dem Schneider.

Dietrich Jahns

Schneckenjagen

Ja, du sagst mir, daß Schnecken
sich am Tage verstecken
im Frühbeet gleich hinter dem Haus.
Du beklagst es: «Sie fressen
unsre Delikatessen,
am Abend, da kommen sie raus.»

Ich hab' Schneckenkorn heute,
wie auch andere Leute,
vom Supermarkt dir mitgebracht,
denn ich will, daß die Schnecken
unverzüglich verrecken,
am besten schon kommende Nacht.

Doch du hast nun Erbarmen
mit den Schnecken, den armen,
und sprichst von dem qualvollen Tod.
Du willst lieber sie jagen,
weit vom Haus weg sie tragen;
«Nicht töten!», das ist dir Gebot.

Hundert Meter nur weiter
leben jetzt froh und heiter
die Schnecken in wachsender Zahl.
Die Salate, die zarten,
hier in unserem Garten
sind immer noch ihr Ideal.

Wenn die Nachtwinde wehen
kann man kriechen sie sehen
in Richtung auf Frühbeet und Haus,
denn die elenden Viecher
sind sportliche Kriecher,
und du machst ihnen nicht den Garaus.

Neue Schneckengenerationen entstehen.

Meisterhafte
Unordnung: Dill im
Staudenbeet.

H. C. Artmann

unser krautgarten
schneckengebadet glänzt er
im böhmischen wind.

Wilhelm Busch

Ein Maulwurf

Die laute Welt und ihr Ergötzen,
Als eine störende Erscheinung,
Vermag der Weise nicht zu schätzen.
Ein Maulwurf war der gleichen Meinung.
Er fand an Lärm kein Wohlgefallen,
Zog sich zurück in kühle Hallen
Und ging daselbst in seinem Fach
Stillfleißig den Geschäften nach.
Zwar sehen konnt er da kein bissel,
Indessen sein getreuer Rüssel,
Ein Nervensitz von Zartgefühl,
Führt sicher zum erwünschten Ziel.
Als Nahrung hat er sich erlesen
Die Leckerbissen der Chinesen,
Den Regenwurm und Engerling,
Wovon er vielfach fette fing.
Die Folge war, was ja kein Wunder,
Sein Bäuchlein wurde täglich runder,
Und wie das häufig so der Brauch,
Der Stolz wuchs mit dem Bauche auch.
Wohl ist er stattlich von Person
Und kleidet sich wie ein Baron,
Nur schad, ihn und sein Sammetkleid
Sah niemand in der Dunkelheit.
So trieb ihn denn der Höhensinn
Von unten her nach oben hin,
Zehn Zoll hoch oder gar noch mehr,
Zu seines Namens Ruhm und Ehr
Gewölbte Tempel zu entwerfen,
Um denen draußen einzuschärfen,
Daß innerhalb noch einer wohne,
Der etwas kann, was nicht so ohne.
Mit Baulichkeiten ist es mißlich.
Ob man sie schätzt, ist ungewißlich.

Ein Mensch von anderem Kunstgeschmacke,
Ein Gärtner, kam mit einer Hacke.
Durch kurzen Hieb nach langer Lauer
Zieht er ans Licht den Tempelbauer
Und haut so derb ihn übers Ohr,
Daß er den Lebensgeist verlor.
Da liegt er nun, der stolze Mann.
Wer tut die letzte Ehr ihm an?
Drei Käfer, schwarz und gelb gefleckt,
Die haben ihn mit Sand bedeckt.

Es kann im Gärtner schon die Mordlust erwachen, wenn der Maulwurf den Garten durchpflügt, und doch wollen wir dem Burgenbauer nicht ernstlich an den Pelz. Gestatten einen Vorschlag zur Güte, Herr Busch? «Und haut gar derb ihn übers Ohr,/ Daß er sein Leben *fast* verlor,/ Da ward es letztlich ihm zu dumm,/ Er zog in Nachbars Garten um.»

Das Spatzenproblem

Ein einziges Mal nur möchte ich, anstatt Rat zu geben, um einen solchen bitten.

Wie stellt man es an, erlesene Primelsorten vor den Spatzen zu schützen? Weiß irgend jemand eine wirksame Abhilfe gegen diese ungezogenen, mutwilligen Zerstörer? Mit Ausnahme von automatischen Patronen habe ich alles nur Erdenkliche versucht. Ich knüpfte eine Art Netz aus dickem schwarzem Garn, befestigte es am Boden und hoffte, daß sich die Vögel mit den Krallen darin verfangen und einen Schrecken bekommen würden. Umsonst. Die Spatzen lassen sich dadurch nicht stören. Ich kann nur vermuten, daß sie unter den Fäden durchschlüpfen, die Blumen abpicken und Knospen und Blüten im Morgengrauen, ehe ich aufgestanden bin, über die Erde streuen.

Meine Frage ist ein ernstlicher Hilferuf, denn ich habe eine Sammlung ungewöhnlicher Primeln, und was nützt sie mir, wenn die Spatzen sämtliche Blüten wegpicken? Ich würde ihnen vielleicht das Vergnügen gönnen, wenn sie selbst etwas davon hätten, aber das ist nicht der Fall. Sie sind leichtfertige Lümmel, die nur um der Zerstörung willen wüten.

Einige dieser alten Primeln sind entzückend, und die Anzeichen mehren sich, daß sie, wie andere altmodische Blumen, wieder neu entdeckt werden. Leider sind sie weder leicht aufzutreiben noch leicht zu pflegen. Gelegentlich sieht man eine Gruppe der gefüllten weißen oder roten Primeln in einem Bauerngarten, doch es ist eine Binsenwahrheit, daß manche Blumen jahrelang ohne besondere Pflege blühen, während alles Können und Wissen gelernter Gärtner nur zum langsamen Aussterben ihrer letzten kränkelnden Überlebenden führt. Immerhin scheinen die «Gefüllten» nicht übertrieben wählerisch zu sein; eine halbschattige Ecke und viel Lauberde könnten ihnen behagen. Sie gesellen sich gern zu ihren Verwandten, den Aurikeln, oder zu den Leberblümchen (eine Anemonenart), und in meinen Augen passen sie alle in einen stillen Winkel, wo ihre schlichte Schönheit zur Wirkung kommt, weitab von ihren anspruchsvollen Gefährten, wie es die Osterglocken sind.

Das ist alles gut und recht, aber was soll ich gegen die Spatzen tun?

… und die Antwort

Zum Nutzen meiner Leidensgenossen, die offenbar sehr zahlreich sind, zähle ich eine Reihe von Ratschlägen auf, die natürlich auch für andere gefährdete Blumen gelten, zum Beispiel für den gelben Krokus, ein beliebtes Opfer. Das am häufigsten genannte, wenn auch recht teure Abschreckungsmittel scheint Pfeffer zu sein, aber

Vita Sackville-West: einst Herrin über Sissinghurst.

auch Senf in Pulverform, Schwefelblumen, Ruß, pulverisiertes Naphthalin, Schmierseife, Paraffin-Wasser und Safran werden genannt. In die Erde versenkte, mit Wasser gefüllte Steinguttöpfe haben viele Anhänger; auch Erbsengitter (nach dem Frühstück zu entfernen), Fischernetze, alte Haarnetze, Stechpalmenzweige und eine gewöhnliche dunkle Flasche am Boden werden befürwortet. Sogar ein paar Handvoll Konfetti sollen sich bewährt haben.

Ferner empfiehlt man mir aufgehängte Hilfsmittel: schimmernde Folien, mit Fasanenfedern besteckte Kartoffeln, Fetzen von blauem Glanzpapier, eine Glocke, farbige Flaschenverschlüsse. Zu den bösartigeren Abwehrmaßnahmen zähle ich Mausefallen, glänzende Glaskugeln, an denen die Vogelschnäbel splittern, eine Spatzenleiche an einem kleinen Galgen und eine despotische Katze! Doch scheinen ein alter Pelz zwischen den Pflanzen und ein Paar weißer Porzellankatzen die gleichen Dienste zu tun. Andere Zuschriften erwähnen einen Zaun aus langen Streichhölzern, wie man sie für das Kaminfeuer benützt, Spiegelscherben und zerbrochene Grammophonplatten. Ein Tierfreund rät zu einer Spatzen-Ecke, wo sich die Missetäter mit Sandkasten und Vogelbecken vergnügen und sich an Sauerampfer, Spinat und Bartnelken gütlich tun sollen; doch nicht alle Heimgesuchten sind Tierfreunde, so daß im Falle akuter Verzweiflung eine Schleuder oder ein Flobertgewehr in Aktion treten sollten.

Und schließlich noch das Problem des Garnes. Offensichtlich war es ein Fehler, dicken schwarzen Zwirn zu verwenden; ich hätte dünne Fäden nehmen sollen, sogar b l a u e wären besser gewesen. Ich entschuldige mich. Und nun kann jeder wählen, was ihm paßt.

Kissenprimeln in allen Größen und Farben bekommt man im Spätwinter häufig geschenkt. In den Garten ausgepflanzt, bereiten sie viele Jahre lang Freude, und die Spatzen lassen die Schnäbel von ihnen.

Kräuter und Unkräuter

Als Kräuter bezeichnen wir alle nicht verholzenden Farn- und Blütenpflanzen. Auch ein Unkraut ist ein Kraut, und botanische Fundamentalisten möchten dieses Unwort sogar durch «Wildkraut» oder «Beikraut» ersetzen, was etwas gezwungen wirkt und auch nicht dieselbe Bedeutung hat. Als praktische Gärtner bleiben wir lieber beim guten alten Unkraut, wenn wir von allzu stark wucherndem Gewächs sprechen, welches wir eindämmen müssen. Aber wir gehen im Naturgarten überlegter damit um.

Der Naturgärtner, der um die Bedeutung der Wildflora weiß, lehnt die pauschale Abwertung bestimmter Pflanzenarten zu Unkräutern als «rassistisches» Vorurteil ab. Stets ist im Einzelfall zu entscheiden, ob und welche Gewächse wir wo im Garten als Unkraut bekämpfen. Das gilt für Wildpflanzen ebenso wie für manche exotische oder gezüchtete Pflanzen. So ist der Echte Erdrauch manchmal mit seinem filigranen Laub und den rosa Blütentrauben eine Bereicherung, ein anderes Mal bedrängt er unsere Salatpflanzen. Die dottergelben Blüten vom Schöllkraut, die zarten Rosetten, Blüten- und Fruchttrauben vom Hirtentäschel zieren als schlankes Beiwerk unseren Garten, trotzdem müssen wir sie manchmal ausreißen. Engelwurz und Bärenklau sind mit ihren weißen, insektenumschwärmten Dolden prachtvoll im Staudenbeet oder am Rand des Gemüsegartens. Wegen ihrer ausladenden Blattrosetten können wir jedoch nur wenige Exemplare dulden. Genauso ist es mit vielen alteingesessenen Gartengewächsen. Borretsch und Ringelblumen, Pfefferminzen oder Herbstastern breiten sich oft stärker aus als manches sogenannte Unkraut und müssen entschieden in die Schranken gewiesen werden. Dagegen wollen der Blaue Eisenhut oder die Alpenrose bei uns verwöhnt werden, obwohl sie in ihrer alpinen Heimat ausgesprochene Weideunkräuter sind.

Alle diese Beispiele zeigen, wie problematisch der Unkrautbegriff ist, wie vorsichtig und differenziert Pflanzen zu beurteilen und behandeln sind. Jede heimische Art erfüllt außerdem ökologische Aufgaben, weil sie durchschnittlich zehn Tierarten ernährt oder beherbergt. Beim Jäten wollen wir demnach die Pflanzenvielfalt eher erhöhen als bekämpfen, auch wenn wir selbstverständlich in unseren Beeten vermehrungsfreudige Samen- und Wurzelunkräuter entfernen, wo wir sie nur erwischen. Um Hühnerdarm und Gänsefuß, Giersch und Löwenzahn brauchen wir uns keine Sorgen zu machen, solange wir bereit sind, sie im Beet als Unkraut, außerhalb davon aber gleichzeitig als unentbehrliche Bestandteile in der Lebensgemeinschaft des Gartens zu sehen.

Leben im Garten: Spinnen und ihr formvollendetes Kunstwerk.

Unsere Unkräuter

Sind Gärtner bessere Menschen? Welche Frage! Krimileser wissen: Der Gärtner ist der Mörder. Leider ist er es nicht bloß im Kriminalroman. Nur ein strenger Winter legt dem Unhold für einige Zeit das Handwerk. Doch fängt er, kaum ist der ärgste Frost vorbei, schon wieder an mit dem Abschneiden und Ausreißen und Umhacken. Ist es endlich Frühling geworden, regt sich Leben zwischen den Beeten, so hebt das Stechen und Hauen erst richtig an. Manche gehen mit dem blanken Messer auf den Löwenzahn los. Falls nicht gleich die chemische Keule geschwungen wird, weil Weißklee im Rasen entdeckt wurde oder Ehrenpreis oder gar ein Gänseblümchen.

Wo Menschen sind, gibt es Krieg, manchmal jahrzehntelang nur kalten Krieg. Wo Gärtner sind und gute Gärtnerinnen, wütet der immerwährende Krieg. Es ist ein Krieg, der um so härter geführt wird, je länger der nicht geschlossene Friede seit 1945 nun schon dauert. Die Munitionslager in den Gartenfachgeschäften sind gefüllt. Die chemischen Waffen werden zwar geächtet, aber sie stehen weiter zur Verfügung. Mit dem Wohlstand wächst der Wille zum Konflikt. Bis zur vierten Auflage trug zum Beispiel der siebente Band von Winters naturwissenschaftlichen Taschenbüchern im Verlag Gebrüder Borntraeger den Titel «Unsere Unkräuter». Das klang fast wie: Unsere Verbündeten. Oder: Unsere Gäste. Die verbesserte fünfte Auflage enthält statt der alten freundlichen Aquarelle gestochen scharfe fotografische Feindbilder, und der Titel ist schroff auf ein Wort zurückgenommen: «Unkräuter». Das klingt wie: Nieder mit ihnen! Recht so, sagt der Gärtner, sagt jeder, der einen Garten in Ordnung halten muß.

Gärtner, aber auch die besseren Menschen unterscheiden Wetter und Unwetter, Lust und Unlust, Ding und Unding, Kraut und Unkraut. Das Unkraut ist ein Unglück und immer im Unrecht. Mit den Kräutern und Unkräutern verhält es sich wie mit den Kosten und Unkosten. Kosten sind erwünscht, sie halten die Bilanz im Gleichgewicht, sie mindern die Steuerschuld; Unkosten sind unsittlich. Auch die Unkräuter sind eine Schande. Nicht nur für die ganze Kleingartenkolonie, die sich wie ein Mann gegen den stellt, der im Kampf gegen das Unkraut versagt. Das Unkraut ist eine Schande für die ganze Natur. Der Teufel muß es in die Welt gebracht haben.

Darum nimmt sich der brave Mann auch das Recht, fuchsteufelswild zu werden, und nimmt sich nötigenfalls einen Anwalt, wenn beim Nachbarn Kreuzkraut und Gänsedistel in Samen gehen, wenn Quecken und Brennesseln ihre Wurzeln unterm Zaun durchschicken. Deshalb gibt es sogar Ortssatzungen und Anordnungen von Landesämtern, die auch dem Hausgärtner die Bekämpfung bestimmter Pflanzen auf seinem Grundstück zur Pflicht machen. Es drohen Geldbußen bis zehntausend Mark.

Werden auf Feldern und in Gärten Aggressionen erzeugt und abgeleitet wie auf Fußballplätzen? Führt der Wohlstandsgärtner in den Zeiten der deutsch-französi-

Sogenannte Unkräuter, Löwenzahn, Gänseblümchen und Distel, aus der Nähe betrachtet.

Nächste Seiten: Mohn und Hirtentäschel.

158

schen Freundschaft einen lächerlichen Ersatzkrieg gegen das Franzosenkraut und die Gemeine Melde? Nein, die Wut ist echt, der Haß ist uralt. Er ist mindestens so alt wie der biblische Fluch «Disteln und Dornen soll dein Acker tragen». Seither sind unsere bäuerischen Gemüter aufgebracht gegen die ungebetenen Gäste, gegen die Schmarotzer, die den Nutzpflanzen Platz und Nahrung streitig machen, den Ziergewächsen stürmisch die Schau stehlen. Wie sieht denn ein Rosenbeet aus, das von aufschießenden Disteln überragt und von linksdrehenden Winden gewürgt wird? Und wie kommt sich der Rosengärtner vor, der mühsam gezüchtete, teuer erkaufte und genährte, sehr pflegebedürftige Pflanzen heranzieht – und dann werden sie fast über Nacht von bedürfnislosen und nicht weniger bewundernswerten Pflanzen in Frage gestellt? Was ist, fragt die wilde Winde, die unbesiegbare, was ist die Salonschönheit der Rose wert, die ohne die helfende Hand des Menschen nicht überlebt?

Hier liegen die Wurzeln des ohnmächtigen Zorns: Daß da Ungerufene, Nichtseßhafte, aber überall Gegenwärtige immer wieder stärker sind als alle gärtnerische Bemühung. Daß da etwas ist, das sich unserem Ordnungsdrang widersetzt. Daß dem Menschen Tag um Tag bewiesen wird: Natur ist allemal stärker als Kultur. Und lebendiger obendrein. Als unser Garten noch keiner war, sondern verunkrautetes Baugelände, war er ein Rammlerparadies. Als noch nicht Rasen zu mähen, sondern das Haus auszubauen war, hoppelten die Wildkaninchen vorm Fenster und ließen sich die köstlichen Unkräuter schmecken.

Was ist denn Unkraut? Ein Gewächs, dessen Nutzen noch nicht erkannt oder schon wieder vergessen ist? Dann wäre die Ackerwinde, *Convolvulus arvensis*, gar keines. Der Aufguß von einem Teelöffel Kraut pro Tasse, fünf Minuten durchgezogen, dreimal am Tag getrunken, soll gut sein gegen Verstopfung und Fieber. Oder ist Unkraut ein Gewächs, das den gerade gängigen Vorstellungen von Schönheit, von Verfeinerung nicht entspricht? Die rosagestreifte Ackerwinde blüht zwar wie ihre reinweiße Schwester, die Zaunwinde, von Mai bis September, aber nur unter der Sonne; nachts und bei schlechtem Wetter hält sie die Augen geschlossen. Die sensiblen Winden sagen den Regen zuverlässiger an als der Deutsche Wetterdienst. Oder ist es ein Gewächs, das sich ungewollt einfindet und ungeniert ausbreitet? Dieser Definition von Unkraut fallen die Winden dann doch zum Opfer. Sie sind so gut wie unausrottbar. Die Wurzeln sitzen metertief im Boden, sie werden nur abgerissen und treiben von neuem aus, der flachlaufenden Quecke ist besser beizukommen, die Brennessel macht es uns mit einem geballten Wurzelgeflecht geradezu leicht. Aber die Winde kann den Geduldigsten beim vergeblichen Jäten zur Verzweiflung bringen.

Liebet eure Feinde? Wir müssen diese Widerständler zumindest bewundern. Denn das Hassen hilft nicht. Der Haß macht uns nur noch ohnmächtiger. Dem Unkraut ist nun mal kein Kraut gewachsen, auf die Dauer auch kein Gift. Mit dem Unkraut müssen wir leben. Unter Naturschutz soll es nicht gestellt werden, doch etwas mehr Toleranz, mehr Gleichmut kann nicht schaden. Sonst leidet die Gartenlust.

Ungern tritt man auf Gartenwegen oder im frisch duftenden Gras in die festen Stoffwechselendprodukte von Nachbars Hund. Dagegen kann die periodische Lärmbelästigung als kleineres Übel durchgehen.

Robert Gernhardt

Der Bund

Dichter Dorlamm stiftet einen Bund
zwischen sich und seines Nachbarn Hund.

Einen Bund, der ungefähr besagt,
daß ein jeder tut, was ihm behagt.

Daß der Nachbarhund zum Beispiel bellt,
wie und wo und wann es ihm gefällt.

Wobei Dorlamm ihn wo, wie und wann
jederzeit um Ruhe bitten kann.

Kann, nicht muß. So wie des Nachbarn Hund
weiterbellen darf, auch ohne Grund.

Ähnlich klärt der Bund die Punkte Beißen,
Klauen, Betteln, Indengartenscheißen.

Fragt man Dorlamm, ob das denn was bringe,
gibt er sich erstaunlich guter Dinge.

Alles, meint er, bleibe zwar beim alten,
doch es sei nun schriftlich festgehalten.

Und daß er das schwarz auf weiß besitze,
fände er in jeder Hinsicht Spitze.

Spitze – mehr ist leider nicht zu hören.
Plötzlich bellt da wcr. Der Rest ist Stören.

Barbara Frischmuth

Schlußwort

Wenn es zur Gartenbank noch einen Tisch gibt, können sich die Muße-Momente zwischen der Arbeit auch etwas in die Länge ziehen.

Gärtnernde Menschen? Gelegentlich ertappe ich mich dabei, wie ich sie in Pflanzenliebhaber und in Gestalter unterteile. Wobei ich mich selbst mehr als Liebhaberin sehe, wenngleich ohne Gestaltung kein Auslangen ist. Läßt man die bedingungslosen Designer weg, die puren Planer, für die Florales im besten Sinn als reine Form und im gewöhnlichsten Sinn als preiswertes Füllmaterial existieren, bleiben all jene, die in Pflanzen nicht nur Dekorationsgegenstände und Sauerstoffproduzenten sehen, sondern Wesen, besser gesagt, ein Gegenüber, das einen zur Teilnahme am großen Spiel vor der Haustüre auffordert.

Natürlich sind auch Zimmergärtner Gärtner, so wie ich in den hartnäckigen Besuchern botanischer Gärten, die die Standorte ihrer Lieblingsiris auswendig wissen und sie jedes Jahr auf Anhieb wiederfinden, Blickgärtner sehe. Und um noch weiterzugehen, selbst die notorischen Leser von Gartenbüchern ohne eigenen Garten haben etwas von Gärtnern an sich, zumindest von virtuellen.

In Wirklichkeit zählt nur eines, die leidenschaftliche Annäherung an den Gegenstand der Obsorge, auch wenn es nur eine vorgestellte ist. Es muß nicht immer groß anfangen, mit einem Stück Grund zum Beispiel, das vom Grundstück nach dem Bau des Hauses übriggeblieben ist und das keine *Gstätten* bleiben oder werden soll. Der Sündenfall findet meist früher statt, wobei das Wort Sündenfall nur die Verführung hervorheben soll, eine Verführung, der man, sind die Gefühle einmal geweckt, in jeder Gärtnerei, jeder Samenhandlung und jeder Garten-Schau aufs neue erliegt.

Der geschenkte Mini-Kaktus, achtlos zwischen Innen- und Außenfenster einer Wohnung im fünften Stock abgestellt und an diesem Platz dem Tod durch Ertränken entgangen, sticht eines Tages mit der Macht des Wunders ins Auge, weil er entweder eine nie erwartete Blüte hervorgezaubert oder seinen Umfang verdoppelt und auf bizarre Weise in eine neue Form gebracht hat. Schon ist es geschehen, und bald zieht der nächste Kaktus ein. Wobei ich persönlich gar nicht den Kakteen das Wort reden will, auch nicht den Bonsais – man muß ja nicht gleich zum Sektierer werden.

Ich erinnere mich nur an meine ehemalige Wiener Wohnung, die mit den Jahren zum Waldstück mutierte. Ausmalen ging nicht, jahrelang nicht mehr, bis ich dann die Kunst des Pflanzenschnitts erlernte oder zumindest den Mut fand, ins Lebendige zu schneiden, was der Wohnungswald mit Dankbarkeit zur Kenntnis nahm. Offenbar hatte er das schon längst von mir erwartet.

Es ist einfach so, selbst der Zimmergärtner bereitet sich, ob mit Aussicht auf Wunscherfüllung oder ohne diese, auf Größeres vor. Auch wenn er meist keinen Komposthaufen anlegt – es soll Fanatiker geben, die sogar in ihren Hochhausküchen neben dem Abfalleimer einen kleinen Schnellkomposter in Kübelform stehen haben –, wird er anfangen, seinem Farn ein paar Teeblätter aufzulegen oder dem Ficus hin und wieder einen Schluck Bier zu gönnen. Natürlich nicht, ohne genau zu beobachten, wie diese kleinen Abweichungen von der üblichen Gießwasserdüngung dem pflanzlichen Mitbewohner anschlagen, ob es sichtbare Anzeichen von Kur-Erfolg gibt oder ob die Sinningia *nein, danke* sagt.

Die wenigsten trifft also ein eigenes Stück Garten vollkommen unvorbereitet. Und doch – welch ein Unterschied. Wer noch nie etwas vom *Horror vacui* gehört hat, kann ihn dabei erleben, lustvoll, wenn auch nicht minder irritierend. Die Begehrlichkeiten überschlagen sich, alle längst ins Auge gefaßten Pflanzen werden bis in die Träume hinein vorstellig, damit man sie ja nicht unberücksichtigt läßt. Ist es bis dahin nur darum gegangen, den Blumentopf ins rechte Licht zu setzen und darauf zu achten, daß der Vorhang sich nicht mit der Blütenfarbe beißt, sind nun ganz andere Spielregeln zu erlernen.

Natürlich kann man sich, wenn man kann, das heißt, wenn die finanziellen Mittel ausreichen, mit einem Gartengestalter, -architekten oder -designer zusammentun und von Haus aus planen. Aber für gewöhnlich ist einmal Verplantes viel schwieriger zu korrigieren als vorsichtig Angegangenes.

Hold your horses, wie die Engländer sagen – eine gartengemäße Redewendung, welcher Gärtner erblaßte nicht bei der Vorstellung, Pferde würden über seine Beete galoppieren –, zum Planen ist immer noch Zeit, wenn man einmal herausgefunden hat, welche Art Garten man wirklich haben möchte.

Nichts beflügelt die Phantasie mehr als zuzulassen. Zu sehen, was von selber geflogen kommt, durch den Zaun hereinwächst, sich aus heimlichen Mitbringseln – untersuchen Sie einmal die Töpfe der eingekauften Pflanzen auf blinde Passagiere hin – zu kräftigen Einheimischen entwickelt.

Natürlich kann man auch, wenn man kann (siehe oben), den ganzen Boden seines zukünftigen Gartens erneuern lassen, das heißt, ihn meterweise abgraben und mit Moorbeeterde, wenn er zu kalkhaltig ist, oder mit Lehm, wenn er einem zu sauer vorkommt, auffüllen; ihn mit Sand verbessern, wenn er sich zu schwer anfühlt, oder ihn mit dickem Strohmist vermischen, wenn der Wind ihn davonzutragen droht.

In den Zeiten von *Shoppen & Ficken* aber kommt das vorauseilender Wunscherfüllung gleich. Abwarten und Tee trinken – dabei sind die lebendigsten Gärten entstanden. Wer sich vom Garten nicht nur etwas für die Sinne, sondern auch für die grauen Zellen erwartet, wird versuchen, nicht nur seine gestalterischen Probleme, sondern auch die Intelligenzfragen zu lösen. Wie beim Schach muß er ein paar Züge voraus denken. Und Scheitern ist immer mit einprogrammiert, denn die Mitspieler im Garten sind einigermaßen unberechenbar.

Aber selbst der von Gartenarbeit gestählte Gärtnerkörper bedarf zwischendurch der Gartenbank. Ich empfehle sie aufs nachdrücklichste, nicht nur eine, mehrere. Im Garten muß man vor allem schauen können. Bedächtig schauen können. Nur wer gut schauen kann, hat auch genaue Visionen. Und die nehmen zu, eindeutig. Nach dem geglückten Akanthus soll auch der Diptam glücken. Mangold, zum Essen gut genug, wandert in die Blumenbeete, zusammen mit der Roten Melde. Eine Wurzel, über die man im Wald gestolpert ist – vor den hochgestellten weißen Steinen einer Beetbegrenzung wirkt sie wie Laokoon im Würgegriff. Das alles ist der Garten. Wer sich einmal auf ihn eingelassen hat, wird kein Ende in ihm finden.

Nächste Seiten: Barbara Frischmuth empfiehlt nicht nur Plätze zum Ruhen im Garten, sondern auch Schwertlilien.

Kürzestbiographien:

Elizabeth von Arnim (1866–1941), «*Elizabeth und ihr Garten*» ist das Tagebuch einer leidenschaftlichen Gärtnerin.

H. C. Artmann (1921–2000), Lyrik- und Prosaautor, zählt zu den bedeutendsten Schriftstellern deutscher Sprache.

Peter Bichsel, geboren 1935, freier Schriftsteller und Feuilletonist.

Elisabeth Borchers, geboren 1926, deutsche Schriftstellerin und Verlagslektorin.

Erika Burkart, Lyrikerin und Prosaautorin, Trägerin zahlreicher Literaturpreise.

Wilhelm Busch (1832–1908), deutscher Maler, Zeichner und Dichter.

Beth Chatto zählt zu den innovativsten Gärtnerinnen Englands. Autorin zahlreicher Gartenbücher. Auf deutsch erschien: «*Im grünen Reich der Stauden. Der neue englische Staudengarten*» (1991).

Jürgen Dahl, geboren 1929, von 1955 bis 1964 selbständiger Buchhändler, seit 1964 freier Schriftsteller und Journalist. Buchveröffentlichungen u.a.: «*Nachrichten aus dem Garten*» (1985), «*Neue Nachrichten aus dem Garten*» (1987), «*Zeit im Garten*» (1991), «*Der Stinkgarten*» (1997).

Mike Dash, Dozent für Geschichte an der Uni in Cambridge. Freier Schriftsteller und Journalist.

Michael Donhauser, geboren 1956 in Vaduz, Liechtenstein, schreibt Lyrik und Prosa.

Barbara Frischmuth, geboren 1941, lebt als freie Schriftstellerin in Altaussee. Neben zahlreichen Romanen, Erzählungsbänden und Kinderbüchern veröffentlichte sie ein literarisches Gartentagebuch: «*Fingerkraut und Feenhandschuh*» (1999).

Werner Gamerith, geboren 1939, pflegt und gestaltet mit seiner Frau seinen naturnahen Garten; photographiert und schreibt, hält Radio- und Diavorträge zu ökologischen Themen.

Robert Gernhardt, geboren 1937, zählt zu den unterhaltsamsten deutschen Lyrikern der Gegenwart.

Johann Wolfgang von Goethe (1749–1832) hatte unter vielen anderen Leidenschaften eine für Duftpelargonien.

Heinrich Heine (1797–1856), deutscher Dichter, Publizist und Reiseschriftsteller.

Hermann Hesse (1877–1962), Nobelpreis für Literatur 1946. Hatte etwa die Hälfte seines Lebens einen eigenen Garten. Hesses Betrachtungen und Gedichte zum Garten finden sich zusammengefaßt in dem Band: «*Freude am Garten*» (1996).

Penelope Hobhouse, Gärtnerin und Gartengestalterin, pflegt den historischen Garten von Tintinhull. Auf deutsch erschien u.a.: «*Meine Leidenschaft – der Garten*» (1995).

Hugo von Hofmannsthal (1874–1929), österreichischer Dichter.

Peter Huchel (1903–1981) zählt zu den bedeutendsten deutschen Lyrikern der Gegenwart.

Dietrich Jahns, geboren 1934, deutscher Lyriker.

Gertrude Jekyll (1843–1932), Künstlerin und Gartengestalterin, schuf Hunderte von Gartenentwürfen. Ihr impressionistischer Blick revolutionierte die britische Vorstellung von Gartendesign.

Erich Kästner (1899–1974) war neben seiner schriftstellerischen Tätigkeit Theaterkritiker und freier Mitarbeiter verschiedener Zeitungen.

Mary Keen zählt zu den international anerkannten Garten-Designerinnen und Gartenbuchautorinnen. Auf deutsch erschien u.a.: «*Mein Gartenparadies*» (1997).

Wulf Kirsten, geboren 1934, deutscher Lyriker und Prosaautor.

Alfred Kolleritsch, geboren 1931, österreichischer Lyriker und Prosaautor.

Luzie Krolow hegt ihren Garten im Darmstädter Park Rosenhöhe.

Christopher Lloyd, geboren 1921, übernahm 1946 die Gartenanlagen von Great Dixter, die öffentlich zugänglich sind. Kolumnist zahlreicher Zeitschriften.

Roland Rainer, geboren 1910, österreichischer Architekt mit ausgeprägtem Sinn für Gartenanlagen.

Rainer Maria Rilke (1875–1926), österreichischer Dichter.

Johannes Roth verfaßte Gartenessays im *Frankfurter-Allgemeine-Magazin*, die gesammelt erschienen in: «*Gartenlust*» und «*Die neue Gartenlust*» (1994).

Friedrich Rückert (1788–1866), deutscher Dichter.

Vita Sackville-West (1892–1962), englische Schriftstellerin, Autorin von zahlreichen Gedichten, geschichtlichen Studien und gesellschaftlichen Romanen.

Julian Schutting, geboren 1937, österreichischer Lyriker und Prosaautor.

Erwin Strittmatter (1912–1994), lebte seit 1954 als freier Schriftsteller.

Wayne Winterrowd führt mit seinem Partner, Joe Eck, eine Gartengestaltungsfirma. Er veröffentlichte zahlreiche Beiträge in Gartenzeitschriften. In diesem Buch ist er der Alibi-Mann unter den «Frauen im Garten», mit seinem leidenschaftlichen Porträt des von Vita Sackville-West erwähnten blauen Scheinmohns (*Meconopsis betonicifolia*).

Peter Würth, geboren 1954, war Chefredakteur von *Country* und *Zeit-Magazin*. Heute freier Journalist und Buchautor.

Herausgeber und Verlag danken folgenden Rechteinhabern für die freundliche Genehmigung zum Abdruck der Texte:

Ammann Verlag: Erika Burkart, *Gartenarbeit*, in: E.B., *Die Zärtlichkeit der Schatten*. Zürich 1991; © 1991 by Ammann Verlag & Co., Zürich; Wulf Kirsten, *Gartengrasmücke*, in: W.K., *Stimmenschotter*. Zürich 1993, © 1993 by Ammann Verlag & Co., Zürich

Rosa Pock-Artmann: *die glühwürmchen ah! und unser krautgarten*, in: H.C.A., *nachtwindsucher*. Berlin 1986, Nr. XXV. und XXXVIII.

Atrium Verlag: Erich Kästner, *Ein Baum läßt grüßen*, in: E.K., *Doktor Erich Kästners Lyrische Hausapotheke*. München 1998; © 1936 Atrium Verlag, Zürich, und Thomas Kästner

Claassen Verlag in der Econ Ullstein List Verlag GmbH & Co KG: Mike Dash, *Eine türkische Geschichte* (Auszug), in: M.D., *Tulpenwahn. Die verrückteste Spekulation der Geschichte*. München 1999. Aus dem Engl. v. Elfriede Peschel. © Mike Dash: *Tulpenwahn*, 1999 Claassen Verlag, München

Verlag Christian Brandstätter: Werner Gamerith, *Kräuter und Unkräuter* in: W.G., N*aturgarten*. Wien 2000; © 2000 by Verlag Christian Brandstätter, Wien

Deutscher Taschenbuch Verlag: Peter Würth, *Kampf den Feinden* in: P.W., *Gärtnern*. Kleine Philosophie der Passionen. München 1998; © 1997 Deutscher Taschenbuch Verlag, München

DuMont: Penelope Hobhouse, *Meine Art zu Gärtnern*, in: P. H., *Meine Leidenschaft – der Garten*. Köln 1996. Aus dem Engl. v. Annette Roellenbeck. © 1995, Penelope Hobhouse, *Meine Leidenschaft – der Garten*, DUMONT Buchverlag Köln

Haffmans Verlag: Robert Gernhardt, *Der Bund*, in: *Robert Gernhardt, Gedichte*. Zürich 1996;© 1999 by Robert Gernhardt, Haffmans Verlag AG Zürich

Heimeran-Verlag: Vita Sackville-West, *Lückenbüßer im Schatten und Das Spatzenproblem*, in: V.S.-W., *Aus meinem Garten*. Frankfurt/M. – Berlin 1986. Aus dem Engl. v. Claudine. © der deutschen Ausgabe 1962 Heimeran-Verlag, München

Insel Verlag: Elizabeth von Arnim, *Elizabeth und ihr Garten* (Auszug). Frankfurt am Main und Leipzig 1987. Aus dem Engl. v. Adelheid Dormagen. © Insel Verlag Frankfurt am Main und Leipzig 1987; Luzie Krolow, *Die Hosta: Ruhepunkt im Blumenmeer*, in: L.K., *Gartenzauber*. Frankfurt am Main und Leipzig 1995; © Insel Verlag Frankfurt am Main und Leipzig 1995; Johannes Roth, *Unsere Unkräuter*, in: Johannes Roth, *Die neue Gartenlust*. Frankfurt am Main und Leipzig 1994; © Insel Verlag Frankfurt am Main und Leipzig 1994

Frances Lincoln Ltd., 4 Torriano Mews, Torriano Avenue, London NW5 2RZ: Beth Chatto/Christopher Lloyd, *Lieber Freund und Gärtner* (Auszug), in: Beth Chatto/Christopher Lloyd, *Dear Friend and Gardener. Letters on Life and Gardening*. London 1998. Aus dem Engl. v. Jens-Uwe Voss. © 1998. Frances Lincoln Ltd. © der dt. Übersetzung: Residenz Verlag

Dietrich Jahns: Dietrich Jahns, *Schneckenjagen*. Erstveröffentlichung. © beim Autor

Mary Keen: Mary Keen, *Aurikeln* (Originaltitel: *Auriculas*), in: Jamaica Kincaid (Hg.), *My favourite plant. Writers and Gardeners on the Plants They Love*. Aus dem Engl. v. Jens-Uwe Voss. © Mary Keen 1998, © der dt. Übersetzung: Residenz Verlag

Manuscriptum Verlagsbuchhandlung: Jürgen Dahl, *Erster Gang durch den Garten* (Originaltitel: *Erster Gang*), in: J.D., *Nachrichten aus dem Garten*. Waltrop und Leipzig 1999; © Manuscriptum Verlagsbuchhandlung Thomas Hoof KG

Piper Verlag: Peter Huchel, *Oktoberlicht*, in: P.H., *Gedichte*. Frankfurt am Main 1989; © Piper Verlag GmbH, München 1967

Roland Rainer, *Bäume*, in: Akademie der bildenden Künste Wien (Hg.), *Roland Rainer. Arbeiten aus 65 Jahren. Salzburg und Wien 1990*; © beim Autor

Residenz Verlag: Michael Donhauser, *Und die Dahlien*, in: M.D., *Dich noch und*. Salzburg und Wien 1991; Alfred Kolleritsch, *Erinnerung*, in: A.K., *Gegenwege*. Salzburg und Wien 1991; Julian Schutting, *Garten*, in: J.S., *Wasserfarben*. Salzburg und Wien 1991

Eva Strittmatter: Erwin Strittmatter, *Lob auf den Juni*, in: Eva Strittmatter/Erwin Strittmatter, *Du liebes Grün*. Berlin 2000; © Eva Strittmatter

Suhrkamp Verlag: Peter Bichsel, *Rosen*, in: P.B., *Zur Stadt Paris*. Frankfurt am Main 1993; © Suhrkamp Verlag Frankfurt am Main 1993; Elisabeth Borchers, *Was alles braucht's zum Paradies*, in: E.B., *Wer lebt*. Frankfurt am Main 1986; © Suhrkamp Verlag Frankfurt am Main 1986
Hermann Hesse, *Der Gärtner träumt, Verantwortlich für ein Stückchen Erde*, in: Hermann Hesse. *Freude am Garten*. Frankfurt am Main 1996; © Suhrkamp Verlag Frankfurt am Main 1993

Verlag Eugen Ulmer: Gertrude Jekyll, *Märzbilder*, in: G.J., *Pflanzenbilder aus meinen Gärten*. Stuttgart 1988. Aus dem Engl. v. Angela Uthe-Spenker. © Verlag Eugen Ulmer, Stuttgart, 1988

Wayne Winterrowd: Wayne Winterrowd, *Meconopsis*, in: Jamaica Kincaid (Hg.), *My favourite plant. Writers and Gardeners on the Plants They Love*. London 1999. Aus dem Engl. v. Jens-Uwe Voss. © Wayne Winterrowd 1998, © der dt. Übersetzung: Residenz Verlag

Bildnachweis:

Die farbigen Illustrationen stammen alle von Pierre-Joseph Redouté.

Der Residenz Verlag dankt nachfolgenden Personen und Institutionen für die Bereitstellung von Photos und die Genehmigung zur Reproduktion von urheberrechtlich geschütztem Material. Wir haben uns bemüht, alle Copyright-Inhaber ausfindig zu machen und aufzuführen. Für etwaige fehlerhafte oder unterlassene Nennungen bitten wir um Nachsicht.

Buchumschlag, S. 10, 28, 31, 35, 36, 39, 43, 54, 57, 69, 81, 96/97, 101, 102, 104, 110/111, 116, 122/123, 126, 130, 133, 134, 136, 141, 145, 147, 155, 158/159, 161, 162, 166/167
© Werner Gamerith
S. 70 © Jürgen Dahl
S. 4, 7, 16, 34, 86, 119, 120, 129, 152, 169 © Günter Schindlmaier
S. 109, 138 © Karl Stelzhammer
S. 20, 58, 61 © Andrew Lawson
S. 63 © Simon Wheeler
S. 47 © National Portrait Gallery
S. 8, 46, 49, 53 © Christian Kress
S. 151 © Inge Morath/Edition Fotohof, Salzburg
S. 125 © Maddie Thornhill
S. 78 © Marjike Heuft
S. 77 © austrian archives/Helmut Nemec
Buchumschlag, S. 64 © Suhrkamp Verlag

Impressum:

Visuelle Gestaltung: fuhrer · wien
Druck: gugler print & media GmbH
ISBN 3-7017-1242-5